실례實例 좀 하겠습니다

고희를 넘긴 어느 교수의

실례實例 좀 하겠습니다
긍정과 소통, 관계 관리의 사례를 에세이로 읽다

2018년 10월 9일 초판 1쇄 발행

지은이　　정헌석
펴낸이　　안호헌
아트디렉터　박신규
교정·교열　김수현

펴낸곳　　도서출판 흔들의자
　　　　출판등록　　2011. 10. 14(제311-2011-52호)
　　　　주소　　　서울 강서구 가로공원로84길 77
　　　　전화　　　(02)387-2175
　　　　팩스　　　(02)387-2176
　　　　이메일　　rcpbooks@daum.net(편집, 원고 투고)
　　　　블로그　　http://blog.naver.com/rcpbooks

ISBN 979-11-86787-13-7 13190
ⓒ정헌석 2018. Printed in Korea

* 이 도서의 국립중앙도서관 출판예정도서목록(CIP)은 서지정보유통지원시스템 홈페이지(http://seoji.nl.go.kr)와
　국가자료공동목록시스템(http://www.nl.go.kr/kolisnet)에서 이용하실 수 있습니다.(CIP제어번호: CIP2018026590)

고희를 넘긴 어느 교수의

실례 實例 좀 하겠습니다
EXAMPLE

긍정과 소통, 관계 관리의 사례를
에세이로 읽다

정헌석 지음
성신여대 명예교수

대학에서 평생을 보내고 정년 후 현재에 이르는 짧지 않은 삶을 돌이켜 보면 얼핏 아름다운 일도 많았으나 힘들고 눈물겨웠던 일도 꽤 많았다. 촌놈에 무엇보다 혀짧은 발음으로 왕따 및 괄시깨나 받았고 설상가상 중이염 방치로 얻은 청력 장애가 평생 짐으로 부담을 주다 보니 항상 자존감은 바닥이었다. 게다가 빈번한 실수 및 실패는 더욱 상황을 꼬이게 만들어 [쥘 르나르]의 홍당무처럼 악으로 버티는 악순환을 겪었다. 그 결과 제자들에게 '괜찮고 착한 교수가 되었더라면 더 좋았을 텐데..' 라는 회한은 지금도 몸속에 박힌 파편처럼 마음을 불편하게 만들고 있다. 물론 수많은 사람들에게 좀 더 좋은 이미지를 남길 수가 있었으리라는 후회 또한 이를 데 없는 대목이다.

특히 더 잘 했으면 싶었던 사람들과의 많은 관계가 뾰루지처럼 늘 괴롭혔다. 본래 불우한 가정환경이라 좋은 가르침을 주는 분도 없는 터에 신체적인 열등감은 촉매작용을 했던 것이다. 나보다 나은 사람조차 없다고 여겨지는 상황 속에서 온갖 굴곡과 흐트러진 행동은 계속 잇따랐다. 지금은 폐교된 미니 초등학교, 벽지 중학교 및 실업고등학교를 다니며 학교보다는 책을 통해 허기진 지식 배를 채우노라면 독선적이며 일그러진 관계도 상당히 많았다. 대학 역시 비슷한 과정을 거치는 동안 더욱 향상되거나 발전되기는커녕 위축되고 왜소한 성장기를 거쳐야 할 만큼 어두운 시절이었다. 닥치는 대로 읽어 제친 독서를 통해서 지식은 또래보다 많이 흡수하였고 높은 수준을 유지하였으나 행동만은 바닥에 머물렀다. 자연적으로 평생을 사람들, 곧 관계의 향상에 신경을 곤두세우며 살아왔다 해도 과언이 아니다.

좋은 안내가 없는가? 대체로 많은 책들이 좋은 글 아름다운 글로 나에게 감동을 주지만 실천, 곧 나를 실질적으로 업그레이드시킬 실전의 이야기는 드물었다. 몸에 와 닿는 실천이 부족했다. 학생들을 보다 나은 길로 인도하려 해도 마땅한 [HOW]를 설명하거나 제시할 마련이 없었다. 요즘 젊은이들도 무수한 정보 가운데 자기를 바로 인도하고 세포 변화를 일으킬 노하우에 배고파 하긴 마찬가지로 보인다.

그러다 우연히 마인드코칭을 수강하고 학생들에게 다소라도 도움을 주고자 접촉한 것이 되레 내가 크게 변화해 업그레이드되는 경이적인 일이 일어났다. 참으로 놀라운 일이었다. 그런 계기로 관계가 대폭 향상되었고 심지어는 나를 높게 평가하는 사람들도 엄청 늘어났다. 곧 죽은 후 비석에 '괜찮은 사람'으로 자리매김 하고픈 욕심마저 생겨났고 더욱 정진하게 되었다. 참으로 신통한 일이다. 주역을 포함해 이제까지 무수히 접한 지식과는 거리가 먼 변화이었다. 요즘 한참 화두이며 30년 수행해 온 요가명상과도 촌수가 먼 엄청난 마음의 변화 곧 새로운 문화의 접목이었다. 바로 긍정마인드에 의한 삶, 긍정바이러스를 심어주며 온통 긍정으로 변화시키려다 보니 내가 새로 태어난 느낌이었으며 만나는 사람들도 감동을 받는 일이 늘어났다. 바로 '마음을 얻는 길'을 깨우치니 나를 훌륭한 교수로까지 평가하는 지경에 이르러 그저 놀라기만 했다.

책이나 어느 누구를 통한 깨우침이나 전수받지 않은 채 스스로 오감을 통해 인식했고 실제 적용해보면서 세포마다 새긴 DOING이 그토록 큰 변화를 가져왔다. 동시에 진작 알았더라면 보다 성장할 수 있었을 텐데 하는 아쉬움 속에서 젊은이들과 공유하고 함께 무수히 감동했던 차 그 노하우를 전해보자고 실제 젊은 청년들과 공감했고, 그도 부족해 본 저술을 펴내게 되었다. 나는 바둑을 잘 두는 편인데 배울 때 실전에 의한 길과 책을 통한 독학이 있는 바, 대체로 책을 구입해 바둑알을 일일이 바둑판에 놓아가며 실력을 쌓았다. 긍정에의 삶 또는 긍정에의 길 역시 두 가지 방법이 있다 할 때 바둑과는 반대로 실전에의 길을 거닐었으며 철저하게 혈관이나 육감으로 터득한 기법 또는 방법을 알기 쉽게 소개하고자 했다.

정헌석

CONTENTS

1장

긍정의 실례 實例

EXAMPLE
긍정의 실례實例

1. 긍정의 힘

일본 IHM종합연구소 에모토 마사루 박사는 물이 사람의 말을 알아들어 "고맙습니다." 라는 말을 해주고 그 결정체를 찍으면 아름다운 물 모양을 볼 수 있고 "나쁜 놈" 이라고 욕을 해대면 물 결정체가 징그럽게 일그러진다는 놀라운 주장을 했다. 물에게도 혼이 있다는 주장이다. '원 세상에~, 설마하니 물에 무슨 혼이 있을라구.'

물질이 무슨 세포라도 있고 오감이라도 있어 그토록 묘한 변화가 일어난단 말인가. 학부에서 화학을 전공했지만 믿기 어려운 현상이나 신기하게도 변한다는 데야.....

우리가 먹는 밥도 '감사와 사랑' 이란 딱지를 부치면 잘 발효된 누룩 냄새가 가득한데 반해 '증오' 나 '망할 놈' 이란 딱지의 밥은 곰팡이가 잔뜩 슬어 검게 변했을 뿐만 아니라 썩어 악취가 진동하였다고 한다.

김상운은 아마추어가 실험해도 마찬가지이었고 단어를 영어, 프랑스어, 한국어 어느 말로 써도 비슷한 결과가 나오더라고 전하였다.

감정의 동물이라는 사람은 어떨까? 헬싱키대학의 심리학자 에로넨 교수는 캐롤이라는 평범한 여성이 TV를 시청하는 모습의 만화를 보여주고 "캐롤이 어떤 사람이라고 생각하나요?" 라고 질문한 지 5년 후 학생들을 추적해보았다. 당시 긍정적으로 평가했던 학생은 놀랍게도 행복한 생활을 만끽하고 있었고, 좋은 직장에 취직해 좋은 대우를 받으며 승승장구하는 사람이 많았다. 반면 부정적으로 평가한 학생은 한결같이 불행한 삶을 살고 있었으며 취직 못한 백수건달이나 직장에서 잘 풀리지 않아 고민하는 학생들이 많았다고 보고하였다.

학생들을 만날 때 첫인상이 의아스러울 만큼 어두운 친구가 많음을 본다. 그런데 끝날 무렵에는 가장 많이 변해 매우 밝은 표정을 띠는 모습에 나도 놀라고 본인도 놀란다. 해준 일이라곤 오직 긍정의 말만 사용하게 하고, 긍정의 언어 빙고게임이라든가, 돌아가며 긍정의 말을 연습한 일밖에 없다. 온통 긍정으로 도배질하다시피 하니까 저절로 바뀌는 것인가. 긍정을 매만지면 부정은 보이지 않는다. 반대로 부정만 바라보는 사람에게는 백태가 잔뜩 낀 동공처럼 여간해 긍정이 보이지 않는다. 거의 안 보인다.

우리는 학생 때 '마이티'라고 5명이 즐기는 카드게임을 꽤 즐기곤 했다. 득점을 하겠다고 선언하는 측인 여당과 이를 방어하는 야당으로 편가르기를 해 언뜻 정치권의 여·야 투쟁인 듯해 엄청 재미있다. 인센티브로 약간의 돈을 걸어 게임을 하는데 유독 한 친구만은 늘 "나는 카드만 하면 노상 잃어"가 입버릇이자 노래이었다. 그래서인지 한 번도 그 친구가 돈을 따는 경우를 보지 못했다. 놀이나 게임일지언정 부정으로 가득 찬 사람이 승리하기란 '곰이 색시가 되는' 만큼이나 힘든가 보았다.

비즈니스는 어떨까? 한 선배는 시도하는 일마다 실패이었다. 사리가 명석하고 총기도 뛰어난 분인데 도대체 무엇이 그를 실패의 구렁으로만 몰아넣었을까. 자세히 보니 그 선배는 "그거 되겠어." "어렵잖아." "안 돼!" "곤란해" "힘들 걸...." 과 같은 부정 언어를 입에 달고 다녔다. 훗날 부정에서 긍정이 나올 수 없다는 말을 듣고 그분의 실패는 자본이나 아이템도 문제이겠으나 부정마인드가 큰 원흉임을 인식했다. 호황일 때인데도 이것저것 손대는 것마다 실패하는 그 선배의 모습이 매우 안쓰러웠다.

훗날 알아보았더니 성공하는 사람들은 100% 긍정마인드가 가득 찬 사람들이었다.

"부정에는 유유상종으로 반드시 부정이 따른다." 고 할까. 부정으로 가득 찬 사람은 결코 성공할 리가 없다는 건 하늘의 뜻인가 보다. 오죽하면 인터넷에서도 반드시 피해야 할 사람 7개 항목 중 '부정적인 사람'을 강조했을까. 나도 "무슨 소리야? 할 수 있어!"의 스타일이고 "한 번 해보자!"는 친구가 마음에 든다. 대체로 뒤로 빼는 친구와는 저절로 멀어진다. 그런 친구는 뭣 하나 되는 게 없으니 감정도 어둡고 재미도 적다. 힘든 일을 성사시킬 때 신나지 교통카드 긋듯 누구나 되는 일이라면 이루어도 싱겁기 짝이 없다.

긍정이란 무엇인가? 적극적인 또는 가능성 있는 방향, 좋은 쪽으로 생각하는 태도이다. 사물을 긍정의 눈으로 바라보는 것과 부정의 눈으로 바라보는 차이는 엄청나다. 그야말로 밝은 대낮과 칠흑의 밤으로도 비교할 수 있다. 그룹코칭을 단 2회 받았는데도 "교수님! 제가 이번 면접 때 긍정마인드 덕을 크게 봤습니다. 무려 100 : 1인 정부연구기관의 입사 경쟁에서 합격했으니까요, 교수님! 감사드립니다." 라는 답이 말한다. 긍정과 부정은 성공과 실패의 차이만큼이나 확 다르다.

요즈음 "pick me" 라고 "나를 뽑아 달라"는 젊은이의 온갖 노력과 그로 인한 비애에 대한 우려의 소리가 드높다. 한결같이 스펙 쌓기가 관건인양 각종 경험과 실적을 쌓느라 젊은이는 피가 마른다. 스펙 쌓기도 중요하겠지만 긍정마인드가 갖춰 있지 않다면 아무리 방아쇠를 힘껏 당겨봐야 격발 불량, 불발탄일 듯하다.

삼성경제연구소가 최고 경영자들을 상대로 조사한 자료에 의하면 채용하고 싶은 인재의 유형에 놀랍게도 77%가 "재미있고 유머러스한 사람"을 내세웠다는데 '그런 사람은 타고나는 사람 아닌가?' 라고 반문할 수 있지만 유머도 긍정마인드이라야 솟아난다.

우울하거나 슬픈 마음, '이거 될까'와 같은 부정적인 마음에 유머가 둥지를 틀까. 꼬집어 유머랄 것도 없이 세상이나 사물의 이치를 긍정적으로 받아들이고 반대 의견을 말할 때에도 상대방이 에너지를 높이도록 이야기하고자 노력하면 얼마든지 가능하다. 현재 하버드대에선 [유머>토익]이 추세이다. 요즘은 일본에서도 스펙이나 영어가 아닌 잠재력이나 자신감을 중시한다는 소식이 들린다.

효종 때 신독재 김집 선생은 당대 대표적인 성리학자이자 예학의 대가인데 그가 율곡선생한테 공부하고 있을 때이었다. 율곡선생이 좀 모자라는 딸을 데리고 살 사람을 구해달라는 친구를 위해 "내일은 점심을 대접할 일이 있으니 싸오지 말라." 했다. 점심 때에 이르러 제자들은 좋은 음식을 기대하였으나 거친 보리밥에 씁쓰레한 씀바귀국이 따라 나오는 바람에 도저히 먹을 수 없어 모두 첫 숟가락에 손을 놓고 나왔는데도 유독 김집만은 참고 다 먹어 치웠다. 선생은 "너야말로 아무개의 사윗감이 될 수 있다." 해 김집을 팔푼이 색시와 결혼시켰다.

어느 날 제사 지내려 음식을 차렸는데 부인이 김집의 옷자락을 잡으며 "나 대추 하나 줘요." 라고 떼쓰자 젯상에서 얼른 하나를 집어주었다. 그러자 "자네는 법도깨나 알고 선비들로부터 추앙을 받는 처지에 제사도 모시기 전에 과일을 아내에게 준단 말인가?"고 나무라자 "제가 어찌 모르겠습니까? 조상님을 모시는 화기애애한 자리에서 못난 아내가 대추를 안 준다고 짜증을 부리거나 울게 되면 모처럼 찾아오시는 조상님께서 얼마나 언짢겠습니까? 그래서 얼른 한 개를 주었습니다." 그 말에 어른들은 모두 감탄했다 한다. 바로 긍정마인드의 압권이다.

퇴계선생도 첫 번째 부인을 사별하고 두 번째 부인으로 지체장애가 있어 약간 모자란 부인을 맞이해 항상 따뜻하게 끌어 안아주고 실수를 해도 너그럽게 다독 거려 주는 등 매우 긍정적으로 보살폈다고 전해진다. 언젠가는 부인이 도포의 떨어진 곳을 빨간 헝겊으로 기워 남 보기에 웃음꺼리가 될 지경이었지만 아무렇지 않게 입고 다녔다는 일화도 있다. 그 부인이 죽자 전실 자식으로 하여금 무덤에서 시묘살이를 하게 했고 자신도 시묘살이를 했다고 한다. 역시 군자답게 긍정의 최고봉이 어떤 모습인가를 여실히 보여준다.

2. 누구에게나 콤플렉스는 있다

    나는 혀 짧은 발음을 한다고 놀림깨나 받으며 자랐다. "태생이 그런걸", "지 애비가 그렇잖아." 라고 어른들의 당연시하는 말을 자주 들으며 자랐다. 설상가상 냇물에서 미역감다 귓속에 물이 차 중이염을 앓은 탓으로 가는귀마저 먹어 반병신으로 살았다. 당연히 귓속말은 물론 손목시계 소리가 어떤지 일체 들을 길이 없었다. 자연적으로 몸의 상태가 나쁠 때에는 일상적인 대화의 말도 못 알아듣는 경우마저 있었다. 당연히 신체에 대한 욕설이나 비아냥이 흔한 문화에서 스트레스깨나 받으며 자라났다. 뺨맞고 발길질도 당하는 격으로 바보 취급에 이젠 발음 흉내를 내며 '영어만 말해 그렇다고 희롱하질 않나.' 온갖 모욕을 다 겪었다. 심지어 초등 2학년 때는 여선생이 나오라 하더니 "입을 열어보아라! 무엇을 물고 있나?" 에 이어 "혀를 내밀어보아라.

혀가 짧아 그런가?" 라고 망신을 주는 바람에 어린 나이에도 온몸에 핵소름이 쫙 돋으며 이마에 빨간 힘줄이 불룩 튀어나올 만큼 모멸감은 극에 달했다. 온몸의 피가 거꾸로 흐르는 불쾌감은 흉기가 있었다면 꼭 일을 저질렀을 뻔했다. 당시 열등 콤플렉스는 몸속에 박힌 탄환처럼 지금도 강하게 남아 있다.

설상가상, 이갈이 할 때 조물주는 장난께나 좋아하는지 짓궂게도 앞니 두 개를 멧돼지 이빨마냥 쭉 뻗쳐 놓고 틈새는 웬만한 벌레쯤 넉넉히 드나들 만큼 널찍하게 벌려놓았는데 그 꼴은 실로 가관이었다. 더욱이 먹는 게 부실해 아래턱에 살이 붙어 있질 않아 해골 비슷한 몰골이라 오죽하면 관상 좀 본다는 시인 선생이 '제발 버터라도 많이 먹어 아랫볼에 살을 채웠으면 좋겠다.' 고 권할 정도이었다. 그렇다고 어찌하랴, 마가린마저 궁할 때 일이다.

참으로 형언할 수 없을 만큼 열등감은 세포마다 꽉 찼다. 대안은 가능한 한 친구들과 어울리는 걸 피하고 중증장애인인 중백부님의 서당에 가 노니는 것이었다. 눈은 나무의 옹이 뚫리듯 열려있으니 저절로 한자를 보게 되었고 시간이 지남에 따라 어려워보이던 한자가 바둑알처럼 예뻐 보였다. 그러자 한글 책은 싱거울 정도가 되었고 책 읽는 게 너무 재미있었다. 덩달아 상식도 점점 늘어나 어벙벙한 발음이나마 이야기를 해주면 사람들이 좋아하는 듯했다. 점차 독서는 나의 열등감을 보상해주는 강장제임을 깨닫고 더욱 매진해 나중엔 두뇌

회전과 정신연령의 상승이란 1석2조의 이득을 얻었다.

처음엔 그저 읽는 재미로 시작해 나중엔 기억한 스토리도 써먹자 [관계의 활성화->독서의 확대->두뇌 발달]로 선순환하게 되었고 학교에 가고 싶어 일찍이 6세 때 초등학교에 입학했다. 자연적으로 한참 위의 형뻘인 5살 연상의 동급생도 있었고 동갑들은 거의 나보다 2년 아래 후배가 되었다. 마치 열심히 땀 흘리며 괭이로 땅을 파다 금항아리를 발견해 부자가 되었다는 전설처럼 그저 열등감이나 극복해보고자 매달린 독서로 두뇌의 회로가 확장, 발달하자 상식이 대폭 늘어남은 물론 머리가 비약적으로 좋아지는 망외의 소득을 얻었다.

신의 계획 아니 하늘의 뜻은 묘하다. 책으로도 몇 권이나 족히 될 결핍 덩이가 청소년을 상대할 때면 크나 큰 강점으로 작용해서다. 감수성이 예민한 청소년들은 날줄 씨줄이 온통 결핍으로 짜여진 내 삶의 이야기를 접하면 금방 긍정마인드가 생겼다고 고백하기도 한다. 지식이나 말재주가 필요 없었다. 결핍으로 오열했던 이야기만 진솔하게 들려주어도 감동했다.

엄마는 이혼으로 딴살림하고 아빠가 종종 폭행해 공부는 물론 살기도 싫어 40일씩이나 장기 결석하던 여학생 녀석이 눈물을 흘리며 "교수님! 저 공부하겠습니다~" 라고 선언한다.

결핍을 수없이 되새김질 하면서 '뽀도독 뽀도독' 이를 갈며 기어코 한을 풀자고 다짐하고 마음을 도사려 먹으며 "세상에 불가능한 것이 있으랴." 하고 덤벼들었다. 당시 이가는 소리가 너무 컸는가? 옆 좌석의 손님이 자리를 옮기는 해프닝도 있을 만큼.... 승부를 걸자. 이 설움을 기어코 갚자. 죽자고 덤비면 무슨 일인들 못하리까 하고 어렵다는 미적분도 달달달 암기하는 식으로 덤벼들어 대학에 합격하니 문중에서 전액을 부담해주는 보상이 돌아왔다.

지금 뭇 장애인의 실정에 비추면 내 상황은 이야기꺼리도 안 되었지만 한을 품고 두 주먹을 꽉 쥐며 안 되면 인수봉이라도 박살내련다는 사생결단의 큰 각오가 나를 살렸다. 그게 오늘날 교수로까지 이르게 만든 동력이었음을 당시는 몰랐다. 겨울 추위가 매서울수록 봄도 빨리 오고 더 따뜻하다는 사실을 비로소 알았다.

우리의 젊은이들 역시 정체성 혼란을 겪고 있는 경우가 많았다. 그들은 많은 전기 가운데 영국의 53대 데이비드 로이드 조지 수상의 스토리가 가장 인상 깊다고 말한다.

워낙 유명한 이야기이지만 1865년 눈보라치는 웨일스 지방의 겨울밤, 한 젊은 엄마가 아기를 업고 기나 긴 언덕을 넘다가 악천후를 만나 밤새 떨었다. 다음 날 아침 눈보라가 그친 후 마을 사람들이 가보니 추위에 웅크린 채 동사한 여인은 속옷만 입고 있었고 옷자락을 헤쳐 보니 아기만 홀로 숨을 쉬고 있었다. 아기는 구두수선공에게 입양되었는데 자라면서 어머니의 사망 비밀을 알게 되었다.

그 후 "나는 성공해야 한다. 나를 위해 희생한 울 어머니의 한을 풀기 위해서라도... 게다가 크게 성공해야 한다." 면서 주먹을 꼭 쥐고 처절하게 견뎌낸 결과 천대받으며 자라난 아기는 변호사로 성공했고 마침내 영국 수상이 되었던 것이다.

3. 마음을 얻는 길

생떽쥐베리의 '어린왕자' 에는 여우가 어린왕자에게 "세상에서 가장 어려운 일이 무언지 아니?" 라고 묻자 어린왕자는 "흠 글쎄요... 돈 버는 일? 밥 먹는 일인가?" 라고 선뜻 대답을 못하자 "세상에서 가장 어려운 일은 사람의 마음을 얻는 일이란다. 각각의 얼굴만큼이나 다양한 각양각색의 마음을... 한 순간에도 수만 가지의 생각이 떠오르는데 그 바람 같은 마음을 잡는다는 건 정말 어려운 거란다." " 정말 그런 것 같아. 사람이 사람의 마음을 얻는 것만큼 힘든 일은 없을 거야" "내가 좋아하는 사람이 나를 좋아해주는 건 기적이란다." 라고 말하였듯이 사람의 마음을 얻기란 무지개를 잡는 거나 비슷할지 모르겠다.

마음을 얻는 길은 쉽기도 하고 가까이 보이기도 하지만 사람들이 실천하지 못한다. 데일 카네기는 억지로라도 밝은 표정을 지으면 뇌는 근육의 움직임만으로 실제 웃을 때와 똑같이 세상을 긍정적이고 낙관적으로 본다고 말한다. 웃는 표정에는 즐거움과 기쁨을 불러들이는 파동이 있다는 이야기다. 결국 사람의 마음을 끌게 하는 자력이 있다는 주장이다. 계단을 걸어 내려가는데 뒤따라오던 여자 분이 내 배낭을 만지작거리며 "지퍼가 열려 있어요." 하고 올려주는 게 아닌가. 돌아서서 고맙단 말과 함께 "착하신 분이군요." 라고 말했더니 안면에 띄운 미소가 너무나 아름다웠고 하루 종일 기분이 좋았다.

어느 날 트레킹을 끝내고 돌아오는 도중 휴게소에 들렀을 때이었다. 커피가 마시고 싶어 자판기 쪽으로 다가가는데 지나씨가, "교수님! 커피 뽑지 마세요!" 라고 말하면서 달려오는 것이었다. "왜?" 에 "버스 안에도 있어요~." 란다. "맞아! 버스에 커피기가 있지…" 너무 고마워서 "고마워요" 에 이어 "지나씨는 착한 분이군~" 에 놀라 얼굴이 밝아진다. 바로 엄지를 내세우며 "좋은 여성이야" 라고 말했더니 좋아하는 표정이 역력했고 이후 금방 친해졌다.

한편, 긍정바이러스는 몸을 낮추는 데서 생겨나니 참으로 묘하다. 유혈목이라는 풀뱀이 있다. 풀섶에 기어갈 때는 납작 엎드려 있어 잘 보이지 않아 잡기가 어렵지만 밖에 나와 사람과 마주치면 고개를 빳빳하게 쳐들어 마치 내목을 치라는 듯하다. 악동들은 그 모습에 약이

올라 때려죽이겠다고 막대기로 딱 한 번만 쳐도 대파마냥 푹 쓰러짐에 무척 재미있어 한다.

복학생이라 3년 후배들과의 모임에서 근황을 이야기해 달라 해 "내가 좀 웃기는 인간이잖아." 라고 운을 떼니 그리 좋아할 수가 없다. 단박에 분위기가 밝아진다. 다들 자녀가 있으니 자녀와의 화해 겸 소통을 잘 해야 한다면서 아들과 신뢰가 형성된 배경을 이야기하기 시작하였다. 아들과는 중학생 때 관계가 좋아졌는데 어느 날 집에 일찍이 들어갔더니 모녀, 특히 딸이 아들을 나무라면서 깜짝 놀라 펄펄 뛰고 난리가 났다. 눈치를 보니 아들이 자기 방에서 손장난하다 누나한테 들켜 망신당하고 사나이 자존감은 진흙탕 속에 처박히는 비참한 지경이었다. 고민 끝에 "모녀는 꺼져라! 너 나 따라 와라!" 고 조용히 방으로 데려 간 바, 녀석은 무슨 큰 죄라도 저지른 듯 얼굴이 파랗게 질려 있었다. 대뜸 "야 임마! 괜찮아~, 네가 어른이 되어가는 현상일 뿐이야." 라 말하자마자 아들은 금방 얼굴에 화색이 돌며 자존감 회복으로 해결 끝이었다. 그랬더니 후배들이 이구동성으로 "옛날 형이 그런 짓 많이 했잖아! 본인 이야기 아뉴?" 라면서 어지간히 좋아하는 것이었다. 엄청난 엔도르핀이 쏟아지는 듯 긍정의 극치이었다.

언젠가는 교수들의 모임에서 코칭에 대해 설명하라 해 한참 동안 이야기를 전개하고 그 중 실수한 장면만 끄집어 "글쎄! 이 병신이 말입니다~." '얼마나 힘들었습니까?' 라든가 '잘 견디시네요.' 란 한 마디만 건넸어도 만점인데 벙어리인가 단 한마디도 못해 관계가 끊어졌지 무엇입니까?" 라 말하니 엄청나게 좋아하는 것이었다. 만일 내가 잘한 상황, 잘난 모습, 성공한 일만 부각시켰다면 입을 비죽 내밀며 "쳇! 잘난 체하긴..." 이라 냉소했을 것이다.

그렇다! 모난 돌이 정에 맞는다. 우리 심리는 좀 잘나 보이면 왠지 꼴 보기 싫어하고 어수룩하고 만만하게 보이면 좋아 하며 긍정바이러스를 내뿜는다. 얼핏 서울대 출신의 단점은 몸을 낮추지 못하는 거라는 말이 생각난다. 낮추면 좋아하건만 그 어떤 강박관념이 억새처럼 꼿꼿하게 만든다.

아내와의 관계만 해도 그렇다. 평소 내가 잘 난 척 하는 게 어지간히 꼴 보기 싫었던 모양이었다. 항상 나는 쏙 빼고 모녀만 움직여 "내가 콩쥐이냐? 난 일만 하고 당신 모녀는 팥쥐엄마처럼 맨날 나다니기만 하고..." 일갈했다. 그 후 얼핏 아내의 폰에 있는 연락처를 보니까 '어랍쇼!' 콩쥐 이름 옆 칸에 바로 내 전화번호가 등재되어 있잖은가? 참으로 '못 말려!' 이었다. 정년 후 아내 생일날 꽃바구니를 보내며 "축 생일! 콩쥐로부터" 라고 썼더니 대박났다. 무슨 의미인가? 낮춰 보이는 나로 인해 긍정이 넘쳐났음을 의미한다. 밖에 나가선 별 볼 일 없는 주제가 집안에서는 강자로 군림했던 남의 편을 팥쥐엄마가 만만하게 부려먹고 괴롭혔던 콩쥐로 열등한 듯 보이니 신났고 스릴 만점이었던 것이다.

4. 긍정이 별거인가

　사소한 이야기지만 나는 도어를 열 때 뒷사람이 따라오는 지를 꼭 살펴 사람이 있으면 도어맨처럼 반드시 문을 열고 기다려 준다. 도어를 열고 제복의 안내인처럼 기다려주는데도 흘끗 쳐다보곤 아무렇지 않은 듯 굳이 반대쪽으로 늠름하게 걸어가는 이단자도 간혹 있지만 예외 없이 황공한 듯 고마워한다. 대체로 얌체같이 저만 문을 열고 잽싸게 달아나거나 딴에는 편의를 봐준다고 냅다 도어를 밀어버리고 앞만 바라본 채 재빨리 도망치듯 내빼는 친구가 많다. 바싹 따라가던 뒷사람의 코가 자칫 깨질 듯 당황할 모습은 전혀 아랑곳 하지 않는다. 어떻까. 극히 드물게 나만의 이런 긍정적인 모습을 볼 때 사람들은 어떻게 평가할까? 부정적으로 바라볼까? 대수롭잖은 일에서도 인품이 우러나오고 예기치 않은 곳에서의 긍정적인 모습은 의외로 돋보일 수 있지 않을까.

우리는 식당에서 식사를 끝내고 나가면서 의자를 제대로 밀어놓고 나가는 사람이 드물다. 나는 반드시 의자를 가지런히 밀어놓고 나온다. 언젠가 여행사를 통해 유럽여행을 따라갔을 때 거의 30명에 달하는 아줌마들과 한 팀이 되었다. 식당에 갈 때마다 싸우다 화가 나 휑하고 나가는 사람처럼 의자를 제멋대로 흐트러뜨린 채 나가는 모습이 보기에 썩 좋지 않았다. 종업원은 정리하느라 짜증, '도대체 한국인은 왜 그 모양으로 질서가 엉망인가?' 라고 욕하는 듯싶어 창피한 마음에 언젠가는 30여개 의자를 전부 정돈해놓고 나온 적이 있었다. 가뭄에 콩나기 식으로 일행 중 한 분이 그런 나의 모습을 보았고 꽤나 놀라며 '역시 교수라 다른 모양' 이라는 눈치였다. 마음을 얻는 긍정의 길이 별 겐가.

얼마 전 산마늘 농장을 방문해 야생 나물도 뜯어보고 식사를 나눌 때 일이었다. 참석자가 4~50명가량 되는데 우리 테이블엔 아는 얼굴들 9명이 모여 앉았다. 함께 접시에 음식을 담아 뷔페식 식사를 나누었는데 식후 내가 빈 접시를 모두 걷어다 쓰레기통에 버리고 정리하였더니 S코치가 "어머나! 정교수님이..." 하고 화들짝 놀라며 아연해하는 모습이 역력했다. 아마도 짐짓 점잖 빼며 뒷짐이나 짓고 날라 주는 커피나 달게 마시는 교수 모습만을 그렸던 모양이었다.

"너무 훌륭하십니다." 에 "당연한 일이지요~ 아는 것도, 특별한 재주도 없는 사람이 이런 일이라도 해야 끼워줄 것 아닙니까?" 라고 말했더니 어지간히 놀란 모습이 지금도 선하다. 의도하지 않았으나 그네들의 마음을 얻는 한 컷이었던 듯싶다.

좀 멋쩍은 이야기이지만 나는 토란국을 좋아한다. 오래 전 시애틀에 혼자 머물 때, 일본 슈퍼마켓에서 감자만큼이나 크고 값이 싼 모란(우리네 토란)을 한꺼번에 한 바구니씩 구입해 고기도 좀 넣고 끓여 먹곤 했다. 맛도 일품이거니와 한 번 끓이기만 하면 여러 날 먹을 수 있어서 꽤 즐겼다. 그걸 못 잊어 추석 때 이름깨나 있는 곡성 토란을 상당량 사다가 좀 짜증나더라도 물에 불려 칼로 껍질을 깨끗이 벗겨 놓으면 아내가 끓여 맛있게 먹는다. 지난 추석엔 아내가 장기간 유럽 수도원으로 출타해 도리 없이 장기간 먹을 양으로 토란국을 큰 냄비에 잔뜩 끓였다. 아들 내외가 위로한답시고 들리다 맛보더니 맛있다고 반 이상을 퍼갔다. 이 말이 딸에게도 전해져 토란국 공급으로 가을을 바쁘게 지냈다. 아울러 꽈리고추를 좋아해 멸치와 함께 볶아 놓은 것을 맛보고 다 가져가는 바람에 그 후엔 아예 꽈리고추볶음 메이커로 나서기도 했다. "식구들에게 좋은 일을 했구나~" 라고 생각하며 온몸으로부터 솟아나오는 엔도르핀으로 인해 비할 데 없는 행복을 느꼈다. 나의 부엌일도 많은 긍정 에너지로 인해 피곤하기는커녕 되레 활력을 높이고 아내에게 일망정 좋은 일을 했다는 긍정마인드가 몸에 좋은 기를 선순환 시키면서 사소한 스트레스 따위는 저절로 휘발됨을 느낀다.

5. 긍정의 화신들

학생들에게 "전주에 사는 차사순 할머니는 70세에 운전면허를 땄다는데 몇 번 만에 땄겠는가?" 라고 질문하면 기껏 7~8회 정도, 아무리 엄청난 고생 끝에 면허 취득을 했다는 힌트를 주어도 30회를 넘지 않는다. 그러다 "정답은 960번" 이라면 자빠질 듯 놀라 얼굴이 벌겋게 상기된다. 보통 많아야 5~6회 동안 죽어라 연습하고 시험을 치르는 형편에선 능히 그럴 것이다.

KFC 앞에 가면 예외 없이 흰색 바탕의 연노란 할아버지 상이 있다. 그는 누구인가? 바로 켄터키 프라이드치킨의 창시자인 커넬 할랜드 샌더스다. 그는 코빈에서 운영하는 주유소에서 손님들을 상대로 닭고기를 팔며 요리법을 개발하였다. 인기를 끌자 본격적으로 식당을 개업하였으나 적자로 파산하고 말았다. 나이는 65세, 수중에는 사회보장비조로 받은 100불이 전 재산일 때이었다. 헤쳐 나갈 길은 오로지 요리법, 곧 그가 개발한 소스를 구입할 후원자, 바로 원매자를 찾는 것이었다. 하지만 세상은 냉혹해 곳곳에서 문전박대를 받았으며 늙은 나이에 엄청난 고통과 설움을 곱씹으며 견뎌야 했는데 무려 1,008회이었다.

마찬가지로 "쫓겨난 횟수는 몇 번일까?"를 물으면 기껏 50번, 많아 봤자 100번 정도이다. 약간 끈질김을 강조하고 상상을 넓혀 봤자 200번이며 1,000이라는 숫자는 도무지 어른거리지 않는 은하수의 별을 헤아림이나 비슷했다. 좀처럼 견딜 수 있는 수치가 아니었다. 게다가 미국이 좁기나 한가? 그냥 놀러 다니기에도 벅찬 나라인데 소스를 사용해달라고 허리를 굽히며 호소하기가 1,008회란 이야기이다. 하늘의 보살핌이었는지 드디어 1,009회째에 쓰겠다는 임자를 만났던 것이다.

그러자 이 역사적인 사건은 패스트푸드 계에 일대 혁신을 가져왔으며 오늘날 전 세계 식도락가들이 애호하는 KFC가 탄생하는 계기가 되었다.

나는 영화배우 중엔 단연코 실베스타 스탤론을 좋아한다. 야성적 남성상이라든가 액션 배우이어서가 아니다. 신경장애로 인해 오른쪽 눈가장자리를 씰룩대는 안면마비 그리고 어눌한 발음의 언어장애가 내 마음을 끌었다. 나 역시 외모는 물론 청력장애와 혀짧은 발음으로 놀림깨나 받았듯이 스탤론도 왕따와 콤플렉스로 많은 고통을 겪었다. '과부 속은 과부가 안다.' 고 열등감 및 장애가 나와 어중간하게 닮아서 가까이 다가온다. 어눌한 발음으로 어지간히 놀림깨나 받았고 청력도 나빠 바보취급 당했는데다 외모도 호감이 안 가는 터라 여학생들한테 외면당했기에 비슷한 핸디캡을 지닌 스탤론은 나의 아바타이었다. 스탤론 이야기에 처음엔 온몸이 찌르르 하고 강한 전류가 흘렀다, 좀 더 일찍 알았더라면 인격 및 삶에 엄청난 발전을 이루었을 듯싶었다.

그의 외모는 언뜻 오래 전 현대 아산 정몽헌 회장이 "윙크 좀 그만 하시라!" 고 유언하는 바람에 유명해진 고 김윤규 사장의 실룩거리던 모습을 연상시킨다. 스탤론은 출산 시 의사가 핀세트로 눈언저리 신경을 잘 못 건드리는 바람에 보기 흉하게 실룩거리는 장애를 지니고 자랐다. 그런 결핍된 외모로 영화배우를 꿈꾸었으니 언감생심 '꿈속에서의 꿈' 이었다. 그러나 포기하지 않고 줄기차게 도전하였다.

문제는 그가 무하마드 알리와 이름 없는 권투선수 척 웨프너와의 15라운드 권투 경기에서 흠씬 두들겨 맞고, 쓰러지고 쓰러져도 오뚝이처럼 다시 일어서는 도전 정신에 감동돼 유사한 내용의 시나리오를 썼을 때이다. 꼭 자기의 삶을 비추는 내용이라 영화화에 대한 욕심을 버리지 않았다. 바로 이 '록키' 시나리오를 들고 영화사를 찾아 다녔지만 번번이 퇴짜를 맞았다. 시나리오는 괜찮았지만 스탤론이 배우로는 영 마음에 안 들었단다.

'분수도 유만부동' 이라고 "감독과 주연을 자기에게 맡겨달라." 고 요청했으니 '어림 반 푼도 없는 소리', 그 누가 선뜻 오케이 하겠는가? 영화계에서는 주연에 타이태닉의 디카프리오를 염두에 두었다는 말도 나돌았다. "다른 사람은 다 되어도 스탤론만은 곤란하다." 는 분위기인데도 눈치 없이 요구하다 수없이 거절당했다.

종국엔 데뷔했는데 마침내 20회나 퇴짜를 놓았던 감독의 얼음짱 같은 마음을 움직였던 것이다. 그 감독은 "연기는 어떤지 모르나 당신의 정신이 마음에 든다." 고 말했다. 사실 성공이 쉽다면 어느 누가 실패로 고통을 겪겠는가. 성공의 달콤한 열매를 위해선 끈질김, 기나긴 시간을 인내하는, 그야말로 '고래 힘줄 같은 버팀' 이 필요하다.

어지간히 고집을 피우고 매달리자 처음 영화사는 시나리오를 사겠다고 제의했다. 최종적으로 2만 5천 달러를 주겠다는 제안은 거부하기 어려운 유혹이었으나 집념을 버리지 못해 계속 매달렸다. 마침내 받아들였는데 감독은 영화사가 맡고 주연을 맡되 겨우 주급 375달러의 조건이었다. 2만 5천 달러의 거금이 눈에 어른거렸지만 그는 끝까지 인내하고 주역을 잘 소화해냈으며 마침내 록키는 2억 달러라는 대박을 터뜨리고야 말았다. 정말 세포 속 미토콘드리아까지 찌르르 감동을 주는 멋진 긍정의 스토리이었다.

6. 긍정에의 길

　학생들에게 긍정언어 90개를 선정해 자주 이용하게 한다. 그리고 긍정의 말을 다정하게 건네는 연습도 시킨다. 이마저 모자라 긍정의 말만으로 [6 x 6] 36칸을 채우는 빙고게임을 한다. 학생들은 6명이 돌아가며 3회 정도쯤 한 단어씩 말하도록 하면 연속으로 빙고가 생긴다. 어떤 때는 다름이 커서인지 5회쯤 돌아야 빙고가 뜨기도 하지만….

　이렇게 긍정언어를 쓰고 읽으면서 자주 입에 오르락내리락 반복하다 보면 모세혈관, 곧 옷에 잉크물 번지듯 세포마다 긍정이 스며들고 있음을 발견한다.

　긍정마인드를 심는다고 아무리 논리적으로 설명하고 온갖 그림과 동영상을 삽입해 PPT를 틀어주어도 쉽사리 몸에 배는 게 아니다. 입으로, 생각으로 끊임없이 익히는 작업이 최고가 아닐까 한다.

다음에는 부정 언어와 대비시키는 작업도 많은 도움이 된다. 어렵게 생각할 것 없이 말하거나 사용하면 곤란한 부정 언어를 Never Say, 자주 사용할수록 좋은 긍정의 말을 Often Say라 해 각자 뽑아 백지에 정리시키면 매우 흥미 있다.

때론 만나는 그룹마다 조금씩 달라 이색적인 흥미마저 자아낸다. 학생들은 늘 쓰는 말인데도 재미있다고 난리이다. 이를 전체 학생이 읊되 부정 언어엔 언짢은 야유를, 긍정언어를 말할 때는 예찬과 환호를 외치게 하면 재미도 있고 몸에 새기는데 큰 도움이 되는 듯했다.

아들러 심리학에서 말하는 인생의 조화가 결여된 사람들이란 모두, 늘, 전부와 같은 부정 언어를 입에 다는 사람들이라고 말한다. 이를테면 '모두 나를 싫어해', '늘 나만 손해를 봐', '전부 틀렸어' 등이다. 집에서도 부부가 한참 싸우고 갈등이 심할 때에는 '무슨 트집 잡을 일은 없는가?'에 골몰하는 것처럼 "노다지 그래". "또 그래" "맨날 그 모양이야". "왜 그러느냐구" 등과 같은 말을 예사로 한다. 결국 항상, 늘, 언제나 등과 같은 부사가 부정바이러스를 듬뿍 퍼뜨리지 않나 싶다.

일만 해도 그렇다. "보수를 생각하지 않고 일 자체를 즐겨라!" 는 말이 있다. 하나하나 성취하는 재미로 매진하다 보면 저절로 긍정에너지가 솟는다. 공부도 마찬가지이다. 공부를 잘 하도록 이끌기 위한 온갖 지혜나 아이디어가 총동원된다. 이른바 '자기주도학습' 이라고 대단한 공부의 노하우인 양 선전하느라 극성이고 이를 학습하는 학원뿐만 아니라 박사 학위 논문도 여러 편 나왔다. 그 성과는 글쎄다. 으레 공부는 자기주도학습이지 타인주도학습이 있었던가? 코미디가 따로 없다. 다만 본인이 공부에 재미를 붙이려면 어찌 해야 하는가?

나는 공부보다 노는 게 훨씬 즐겁고 신난다. 오죽하면 첫 직장인 아모레퍼시픽에서 떠도는 여론이 "서울대 출신과 비서울대 출신의 차이점은 무엇인가?" 에서 "노는 걸 끝내준다." 로 자리매김하게 되었을까.

사실 바둑 두느라 밤샘한 날은 몇 달쯤인지 엄청나다. 친구들과 카드나 포커로 '야통(밤샘)'한 날수도 이루 헤아릴 수 없다. 심지어 서울의 유수 대학 교수 몇 분이 우리 아파트에 들어가 "잠깐 차나 마시고 가시라" 는 내 권유에 여름날 오후 3시에 들렀고 심심하니 고스톱이나 몇 번 치자 했다. 잠깐이라니... 바로 저녁을 먹고, 자정을 넘어 이튿날 아침 그리고 점심을 먹고도 한참 지나 석양 무렵 아내가 이윽고 두 번째 저녁을 준비하려니까 연장자인 교수분이 "아이고 난리났네요~, 아니 우리가 앉은 자리에서 무려 27시간을 놀았으니 염체도 염체이려니와 사모님께 면목이 없고 큰 죄를 지었네요." 라고 소리높이며 일어선 시간이 오후 6시였다. 집을 나가면서 한결같이 "민폐가 너무 많았습니다. 죽을죄를 지었습니다. 우리 같은 독종들은 이 세상에 없지요."

라고 인사하자 아내가 냉큼 "아니에요, 72시간 놀다 간 친구들에 비하면 약과예요" 라고 손사래를 치니까 비로소 마음의 여유를 갖고 헤어진 적이 있다. 모두 교수들이고 공부라면 항상 선두에 달리며 남 뒤에 서라면 서럽도록 명문만 다닌 분들의 이야기다.

학생들에게 이 이야기를 종종 해주면 모두가 깜짝 놀라고 도무지 못 믿겠단다. 그도 그럴 것이 모두 해외 또는 국내 톱클래스 박사 학위 소지자이며 직업이 공부인 사람들이기 때문이다.

그뿐이랴. 80년대 초 미국 노스캐롤라이나 대학 분교인 애팔래치아 대학에 연구교수로 나갔을 때 일이다. 본부격이라 할 수 있는 대학은 채플힐에 있어 차로 3시간가량 걸리는 곳에 자리 잡고 있었다. 그 곳에는 박사과정의 한국 유학생이 꽤 많은데 어울리기 좋아 어쩌다 방문하면 모두가 대환영이었다. 왜? 엄청난 학업 스트레스를 내 핑계 대고 풀 수 있기 때문이다. 주로 포커를 했는데 어울렸다 하면 꼭 밤샘을 했다. 얼핏 누가 보면 "공부는 언제 하노?" 하겠지만 그들은 한결같이 학위 취득을 원만하게 마치고 국내 유수의 대학 교수로, 연구원으로 왕성하게 활동하고 있다.

문제는 무엇인가? 공부라는 게 공부, 공부하고 노래를 부르거나 자기주도학습을 크게 외치고 읊어댄다고 이루어지는 것이 아니라는 사실이다. 첫째는 성취동기, 둘째 몰입과 집중이 핵이다. 잘 놀 줄 아는 사람이 공부도 잘 하리라는 게 내 소신이다. 공부라면 도리질 치는 친구는 단연 공부 시작 전 의자에 앉자마자 짜증이 인다. 첫 10쪽의 진도를 나가는데도 몇 시간, 때로는 하루도 족히 걸린다. 그래도 참고 앞으로 나가노라면 이젠 1시간에 10쪽을 나가게 되고 5시간 정도 매달리면 5~60쪽쯤 돌파하게 된다. 정복한 분량을 보면 흐뭇하다.

그러다 좀 더 앞으로 나가 100쪽쯤 나가면 자신감이 절로 생기고 공부 자체보다 진도 나가는 재미에 푹 빠져든다. 이미 독파한 분량에 스스로 대견하고 중단하기가 아까워 진도를 나가노라면 어느새 한 권을 뗄 지경에 이른다. 그때의 성취감은 최고이다. 실제로 재미있는 소설도 첫 장부터 '쭉쭉.. 빵빵' 잘 나가는 게 아니다. 몇 십 쪽을 나가야 비로소 책을 저절로 붙잡게 되고 종국에는 독서삼매경의 경지에 이르게 된다.

성취동기는 비단 공부에만 적용되는 건 아니다. 일도 마찬가지이다. 한 번은 결핵환자 요양원에 봉사하러 갔는데 일의 분담이 하필 나에게는 음식물 쓰레기 정리이었다. 냄새가 지독해 코가 떨어져 나가려하고 평생 이렇게 고약한 일은 처음 당했다. 그래도 자원 봉사이니 못한다고 뻗댈 수도 없었다. 자극제로 언젠가 8월 혹서에 옥수수 밭의 장대 같은 잡초를 뽑느라 대야로 물을 퍼붓는 듯 땀이 마구 흘러내리는 가운데 견뎌낸 일을 상기했다. 그 때 역시 첫 고랑을 끝내는 게 가장 힘들었다. 다음엔 적응이 된 듯 잘 진행되었다. 나중에 이 경험은 아무리 힘들어도 자신감을 되살리는 보약이 되었다.

고생 끝에 성취한 경험을 되새겨 추진 동력을 얻는 길이 자기최면의 방법, 긍정에의 길이다. 집중력이 약하면 '노는 건지, 공부하는 건지, 또는 일하는 건지' 가 구분이 되지 않아 성취감은 떨어지고 결국 효율성 저하로 이어져 낙오하게 된다.

'긍정적인 말로 당신을 재무장하라!' 는 말이 있다. 예로부터 슬픈 노래를 좋아하는 사람은 인생도 슬프고 밝고 힘찬 노래를 좋아하는 사람은 인생도 밝고 순조롭다고 한다. 나 역시 젊은 때 애상적인 노래만 좋아했다. 우리나라의 대중가요가 대부분 슬픈 노래 일색이어서 인지, 아니면 삶이 팍팍하고 슬픈 나머지 노래조차 슬픈 것인지 슬픈 노래만 부르니까 삶도 안 풀린다. 당시 불행의 두께는 왜 그리 두꺼우냐고 어지간히 투덜댔었다. 물론 60~70년대 어렵고 힘들 때 국민정서가 슬픈 노래라야 구미에 맞은 탓도 있었다. 그러다 성취동기에 맛들이면서 슬픈 노래는 부르려 해도 목이 가려 안 나오니 밝고 명랑한 노래만 찾게 되었고 어느덧 삶도 여유가 있어졌다. 신기한 변화이지만 긍정의 힘이 아닌가 한다.

7. 나를 알아주는 사람

　　기원 전 5세기경, 진나라의 지백은 평소에 떠돌이였던 예양을 국사로 모셨다. 훗날 지백이 조양자를 공격하다 전사하자 예양은 복수를 다짐했다. 운이 나빠 조양자를 죽이지 못하고 산 채로 붙잡힌 예양은 "선비는 자기를 알아주는 사람을 위해 죽고, 여자는 자기를 사랑해주는 사람을 위해 화장한다." 는 유명한 말을 남겼다. 그렇다. 사람은 자기를 알아주는 사람에게 호감을 가짐은 물론 존경한다. 알아준다는 것은 인품, 실력, 기량, 심지어 연령 등을 인정한다는 의미이다.

　　'설득의 심리학' 에서도 인정을 상당히 강조하고 있다. 그만큼 인정한다는 것은 인간관계에서 엄청난 무기가 된다. "당신에게 어떻게 행동하는 사람이 가장 마음에 드십니까?" 라고 물으면 거의 "나를 인정해줄 때" 라고 답한다. 그런 맥락에서인지 승부를 다루는 스포츠나 시험의 경우에는 상을 타거나 합격 결과 때문이라기보다 '인정받는다는 사실이 보다 뿌듯하고 흐뭇하다.' 는 답이 훨씬 많다.

우리나라 사람들은 남을 비하, 폄하 또는 깎아내리는 행위를 매우 즐겨한다. 가령 내가 바둑 실력이 "아마 5단쯤 되는데~" 하면 30년 전 단 몇 차례 두어본 실력을 비틀어 "5단은 무슨... 3급이나 될까." 라고 과소평가하고 씩 웃으며 엄청 좋아한다. "정교수 바둑 실력은 알아주지." 라고 말하면 막말로 집이 날라 가나 급살이라도 맞는지 도저히 못한다. 남을 올려주거나 인정하면 '큰일 난다' 는 문화는 반대로 깎아내리는 스릴이 엄청 큰 탓인지 모를 일이다.

한편 남을 헐뜯되 정면에선 못 하고 뒤에서 뒷담화로 수군대는 일도 많다. 처음엔 나도 남을 욕하거나 헐뜯는 말에 에너지가 솟아 신났고 재미있었다. 그러다 친한 동료 교수가 "정교수! M교수가 당신을 욕 깨나 하고 다니던데 알고 있는가?" 라고 이야기를 해주는 바람에 갑자기 시퍼런 칼에 등을 찔린 것처럼 온몸에 식은땀이 주르르 흐르며 치를 떤 적이 있다. 꽤나 친하게 지내왔으며 섭섭하게 한 일은 없는 듯싶었고 총장에게 "꼭 00처장에 기용해 달라." 고 부탁해 보직 임명도 도와준 터에 그 은공마저 몰라보고 적대시하고 욕하나 싶었다.

혜민 스님도 비슷한 말을 하였는데 아들러 심리학에선 "통상 10명

중 반드시 1명은 나를 미워하며 두 명은 나를 좋아하는 반면 나머지 7명은 그렇고 그런 사이의 사람이다." 라는 말함을 듣고 놀랐다.

내 스스로 친하다 생각하고 그 사람만은 나를 좋아할 것이라는 생각이 얼마나 큰 오류인가를 느꼈다. 친한 사람도 내놓고 험담하고 다니는 마당에 나머지 사람들은 어떨까. 하물며 내가 비판하는 말, 곧 내가 내지른 험담은 어떨까. 대체로 나의 경우마냥 어떤 경로이든 당사자에게도 다 전달될 것 아닌가!

그렇구나. 그래서 중국인이 "친한 친구는 언젠가 적이 될 수 있다." 고 가정해 사귀고, "적은 언젠가 친구가 될 수 있을지 모른다 생각하고 사귀라." 는 말을 명심하는 모양이라고 여겼다. 이제 험담이나 뒷담화의 뇌회로를 철저히 차단하자고 마음먹기에 이르렀다. 마치 산성 체질을 알칼리성으로 변화시키듯 긍정만 먹고 긍정으로 마사지하고 온통 긍정으로 싸 바르는 길로 나가기로 작정했다.

우선 주변 사람들에게 인정하는 말을 자주 해주며 긍정 훈련을 쌓아 갔다. 긍정 훈련이라면 긍정바이러스를 공급하는 훈련이다. 긍정바이러스는 인정, 칭찬, 지지 및 격려인데 그중 인정은 맏형 격이다. 방법이란 부정의 말을 삼가거나 부정어를 긍정의 말로 바꾸면 되었다. 가령 지혜롭다 생각되는 여성에게 "내공이 엄청난 분이군~." 이라거나 다른 분에겐 "언제나 밝은 모습이 참으로 좋네요." "마음씨가 고우시네요." 라든가 고관 또는 저명인사에게는 "따뜻한 감정이 풍부하시군요."

"어쩌면 품안에 잘 품으십니까?" 라거나 동료나 친구에게는 "너는 정이 많은 친구야." "당신은 포용력이 큰 친구야." "임교수는 보기 드물게 좋은 교수요." 라는 정도만 건네도 감동하고 호감을 갖는다. 정말로 처음엔 입도 잘 열리지 않아 연금술사가 돌을 금으로 바꾸는 만큼이나 불가능에 가까웠지만 계속 실행해보니 시나브로 효과는 의외로 좋았다.

사람들은 상대방을 인정하는 말에 인색하다. 남을 깎아내리려 들 때에는 여기저기 침방울을 튕기고 설암(舌癌)이라도 걸릴 듯싶게 목청을 높이는 사람일수록 인정하는 말에는 참으로 짜다. 짠 정도가 아니라 거의 안 하는 분위기이니 까마귀 가운데 백로가 보이듯 달리 보이는 건가.

8. 형님 값

사람들에게 "형님 값이 얼마인지 아는 사람?" 하고 물으면 '뜬금없이 금값 이야기하듯 웬 형님 값이란 말인가?' 하고 어리둥절해 한다. 그도 그럴 것이다. 형님에 무슨 가치가 매겨지느냔 말이다.

다름 아닌 형님이라고 대우를 잘 해주었을 때, '얼마 만한 가치가 있을까?' 란 물음이다. 예전 아모레퍼시픽 연구소는 공장 안에 있어서 생산직 사원들과 자주 접촉하게 마련이었다. 우리와 같은 대졸자는 엔지니어라고 생산직 사원보다 직급이 높다. 자연적으로 반장급들과 어울리는데 그들은 새파란 대졸자에 비해 나이가 많은 편이다. 통상 엔지니어는 대졸에 급수가 높아서인지 우쭐대며 그들과 적당히 벗하고 지내기 일쑤인 분위기이었다.

나중 퇴임하고 중소기업을 운영하는 반장 한 분이 학부형이기도 해 자주 만나게 되었다. '호칭을 어떻게 하는 게 좋을까?' 고민하다가 '에라! 나보다 연상이니 높여 부르자.'고 작정, 형님이라며 존중해 주었다. 그러자 그 분은 기회 있으면 운동, 식사 모임 등에 초대하면서 비용일체를 부담해주는 것이었다. 그 후 저서를 펴내곤 직접 방문, 증정하면 반드시 "수고했다"면서 '연필 값이라고 고생했으니 식사나 잘 하라'는 명목으로 2~30만 원을 건네는 것이었다. 훗날 "왜 나한테 잘 하느냐? 내가 대단한 권력기관에 있는 것도 아니고 단지 백묵가루를 먹고사는 남산골 서생일 뿐인데..." 그 말끝에 "내가 너무 좋다"는 답이었다. 이어 귓속말로 "나이도 어린 친구들이 자기를 제대로 대우하지 않는 게 불쾌했단다. 반면 유독 명문대 출신에 교수인 정헌석이만 깍듯이 자기를 형님으로 인정해주니 기분이 너무 좋다."는 말이었다.

당연히 받들어야 할 호칭인데도 이와 같이 감격하는 게 인간이다. 비슷한 사례로 친구 사촌형이 있었다. 그는 서울법대 출신인데 연령이 크게 차이나지 않아 우정으로 지내야 되잖나 싶었다. 고민 끝에 '친구 종형인데 높이면 어디가 병날까' 하고 '형님'이라고 깍듯이 높여주었다. 몇 해 후 그 분은 포스코 자매회사 사장으로 발령 난 후 뜸해졌다. 어느 날 친구의 애로도 전할 겸 방문했는데 때마침 미국에 방문교수로 나가기 3일 전이었다. '곧 미국에 나가 1년 후에 돌아오니 그때 뵙시다'라고 인사를 건네니 "잠깐만 기다려라" 해 화장실에 다녀 오는가 했는데 놀랍게도 봉투를 내밀며 받으라 한다. 예상 밖의 돌출 행동에 놀라 "도대체 이게 뭐요?" 하니 "내일 모레 나간다며? 약소하지만 여비에 보태라." 는 것이었다. 가슴 설레며 즉각 봉투를 뜯어볼까 하다 비서도 있어서 "고맙습니다. 잘 다녀오지요." 하고 나와 즉각 뜯어보니 1997년도인데 무려 1,000달러가 들어있었다.

참으로 놀라웠다. 여비라곤 친·처부모님 외 받은 기억이 없어 적이 놀랐다. 더구나 친구 사촌형으로부터 천 달러나 받다니... 실로 감동을 크게 먹었다. 그 감동은 지금도 심장을 콩닥콩닥 뛰게 할 만큼 짜릿하다. 나중 퇴임 후 물어보니 앞의 중소기업 사장과 비슷한 이야기이었다. 그 후부터 강의 때마다 "누구에게든 대접을 잘 해 손해보지 않는다." 고 말하며 "형님 값이 얼마인지 아느냐" 는 말의 유래를 설명했더니 모두가 감동하며 '인정하라' 를 곧 실천해야겠다고 다짐하는 것이었다. 바로 인정의 힘을 크게 되새기는 순간이었다.

의외로 형님이란 말이 어려운지 재수로 나이가 많은 후배 중엔 형님이 아닌 "헤에엥~님" 도 많다. 어떤 친구는 어쩌다 한번씩 "정선배" 로 때운다. 나이는 비슷하나 학번이 꽤 늦은 한 친구는 고교 선배에겐 깍듯이 형님 대우를 하면서 나한테는 죽어라고 행님이든 정선배이든 외면하고 친구 비슷하게 대한다. 그만큼 형님 부르기가 쉽지 않은 모양이다. 우리대학 교수와 재혼한 후배는 나이가 많은 듯해 부인보고 "S 교수는 나이가 많은데...", " 정 교수님보다 더 먹었어요." 라 해 놀랐다.

나중 알아보니 한 살 더 먹었는데 깍듯이 선배 대우를 하는데 결코 언짢지 않았다. 나이 어린 선배를 대우했을 때 누가 더 존경받을까? 선배가 아닌 대접하는 노후배임은 자명하지 않겠는가?

일반적으로 자녀 이야기는 팔불출이라고 외면하기 일쑤인데 후배나 제자들이 이야기하면 나는 적극적으로 들어주고 "자식을 잘 두었구만.. 복 받은 게지, 엄마가 착하고 훌륭하니까 아이들도 잘 하고 있군 그래." 등으로 박자를 맞춰 준다. 대부분 남의 자식 이야기에는 구역질이 난다고 삼가라는 것이지만 나는 관점이 다르다. 도대체 어디 가서 자랑하란 말이냐. 지하철에서 할까 아니면 지나가는 길손을 붙들고 하란 말이냐! 기꺼이 들어주면 무슨 탈이라도 나는가? 재산이 축나는가?

"손자가 교토대 박사학위를 땄다." 고 말하며 흐뭇해하는 후배가 있었다. 아들 딸 모두 공부를 잘 해 성공적으로 사회에 진출한 모양이었다. 내가 "오사장이 못 배운 한을 자식들과 손자들이 보상해주누만." "얼마나 뿌듯해." 라고 격려해주었더니 감격하는 모습이 역력했다.

후배는 자식을 자랑할 데도 없거니와 섣불리 이야기를 꺼내려다 망신만 당하는 참에 나의 인정을 받고 초등학교 밖에 못 나온 수십 년 어혈과 열등콤플렉스를 다 녹이는 기회가 된 듯했다.

대체로 인정이라 하면 이해를 못하고 얼핏 칭찬을 떠올린다. 비슷하지만 칭찬은 그냥 기분 좋게 말하는 것임에 비춰 인정은 반드시 팩트를 바탕으로 긍정바이러스를 공급하는 점이 다르다.

이를 테면 그다지 이쁘지 않은 조카딸을 보고 "너는 미스코리아보다 이쁘구나, 어쩜 그렇게 이쁘니." 는 칭찬이지만 역겹다. 대신 "너는 말하는 게 기품이 있구나, 어딜 가나 대접받겠다." 라는 인정이 돋보이고 좋다.

인정이라 해 특별히 어렵게 생각할 것 없다. "너에겐 그런 강점이 있구나." "야, 기억력 좋구나." "그걸 해내다니, 놀랍다! 끈기가 대단하구나." 등이면 만족한다. 사회적으로 괜찮은 분들은 "따뜻한 분이시군요."란 말에도 크게 감동해 놀랐다.

9. 결핍과 열등감은 긍정의 자원

　하늘은 실로 신비롭다. 우리가 볼 때는 이른바 금수저에 몸도 가정도 모두 정상인 사람만이 세상을 훨씬 유리하게 헤쳐 나가 성공할 것 같은데 그렇지 않아서다. 신은 정신병자나 다름없는 불안으로 힘들어하는 자에게도 축복의 길을 열어주니 말이다.

　유명한 노르웨이 화가 에드바르드 뭉크가 그 한 예이다. 그는 5세 때 어머니, 14세에 누이를 잃은 다음 아버지를 잃어 평생 죽음의 공포와 불안에 시달렸다. 그 뿐만 아니라 류머티즘, 열병, 불면증에도 시달리며 살았다. 아버지와 이모 밑에서 자랐는데 성격마저도 신경질적이고 강박적이었다. 스스로를 "요람에서부터 죽음을 얻은 사람" 이라며 공포, 슬픔, 죽음의 천사는 태어난 날부터 항상 함께 하는 막역지우이었다. 여동생 중 한 명도 어린 나이에 정신병 진단, 5형제 중 유일하게 결혼했던 남동생 안드레아도 결혼식 몇 달 만에 사망하였다. 불행의 그림자가 지독하게도 철조망처럼 끊임없이 꼬이고 게다가 겹겹으로 꼬인 삶이었다. 요즘 같으면 한강 다리 위에서나 고층 건물에서 뛰어내리기 영순위의 인생이었다.

불안을 잠재울 수 있는 방식은 오직 그림뿐… "나의 정신병은 내 그림에 도움이 된다. 내게는 그림 이외의 가족이 없다." 라는 긍정적인 생각을 머금었다. 아울러 "죽음은 창조성의 파괴가 아니라 그 원천이며 친구이다." 라는 시각을 갖고 그림에 매달렸다.

그는 작품을 판 돈으로 넓은 땅을 사고 말년에 그림을 그리며 지내다 80세에 영면하였다. 모든 작품은 시에 기증, 유화 1,100여 점, 판화 18,000여 점, 드로잉과 수채화 약 4,500여 점, 조각 6점, 92권의 스케치북과 편지, 수많은 석판원들 등을 남기었다. 탄생 100주년인 1963년에 뭉크 미술관이 개관되기도 했다.

'수도원 기행' 을 쓴 작가 공지영은 결혼도 안 해본 유럽 토박이인 한 수녀로부터 "마리아(공지영)! 유럽의 젊은이들은 행복하지 않아요. 거리도 풍경도 유적도 아무런 기쁨이 되지 않아요. 이미 모든 것이 이루어진 곳에서 태어났다는 자체가 불행일 수도 있는 거예요." 라는 말을 듣고 놀랐다. 나 역시 다 갖추어진 집안에서 태어났다면 무엇이 되었을까를 곰곰이 생각해본 적이 있었다. 틀림없이 백수건달이 되었을 것이라는 결론에 나 스스로도 놀랐다.

항상 모자란, 부족했기에, 오직 결핍뿐이었기에 채우려고 뛰다 보니 사주팔자에도 없는 교수생활을 하게 되었고 서울에 판잣집일망정 누울 곳만 있어도 원이 없겠다던 소망을 넘어 소박하나마 어엿한 아파트의 소유자로 바뀌었다. 전에는 옛사람이 "배부르고 등 따시면 최고"라는 말대로 이팝 곧, 쌀밥에 따뜻한 온돌방에서 뒹굴 수 있다면 원이 없을 거라던 내가 이젠 그것만으로는 턱없이 부족하다.

가난이 극도로 싫었음에도 '가난했기 때문에' 엄청난 동력이 생겨나 오늘의 내가 있고 이제 보니 가난이 엄청난 은혜이어서이다. 가난은 거대한 터빈을 돌리는 동력이었다. 전답이라야 300평 정도에 소작 250평으로 근근이 끼니를 잇는 빈한한 가정에서 60년대 대학을 다니고, 나중에 박사 학위도 취득하며 교수직에 임용돼 신분상으로 대접도 받으며 비교적 평탄하게 살아온 삶의 원천은 무엇인가. 역설적이지만 바로 '가난의 힘' 이었다.

그렇다 다 갖추고 버튼만 누르면 척척 이루어지는 삶 속에서 무엇이 즐겁고 행복을 줄 것이며 무슨 삶의 동기가 될 것인가? 설사 남부러울 만큼 잘 풀리더라도 신은 시기심이 많은 지 반드시 한두 가지는 흠집을 만들고야 만다. 500억 달러 이상의 재산을 모았던 앤드류 카네기는 젊은 시절 지긋지긋한 가난에서 벗어나기 위해 성공을 꿈꾸었다.

일본의 마쓰시다 회사를 설립한 마쓰시다 고노스케도 가난, 허약한 몸, 배우지 못한 것이 성공의 비결이었다고 한다. 가난은 부지런함으로, 허약한 몸은 건강의 중요성으로, 못 배운 것은 세상 모든 이를 스승으로 받아들이는 성공코드로 바꾸었다고 한다.

　'홍당무'라는 사춘기 소년의 이야기를 그린 쥘 르나르의 자전적 소설이 있다. 홍당무는 머리카락이 빨갛고 얼굴이 주근깨투성이의 아이다. '얼굴은 결코 남에게 호감을 주지 않는다. 코는 움푹 꺼진 두더지 굴 같다. 귀는 아무리 씻어 내도 귀지가 가득 차있다. 혀는 항상 허옇거나 누런 설태가 끼어 있다. 걸을 때는 발목끼리 부딪치고 곱사등이처럼 뒤뚱뒤뚱 거린다. 목에는 시커먼 때가 마치 목걸이처럼 끼어 있다. 몸에서는 이상한 냄새가 난다. 결코 향기로운 냄새가 아니다.'라는 아이다. 엄마는 말이 많고 불평하기 좋아하는 성격이었고 태어날 때부터 사랑하지 않았다. 누나와 형도 엄마 따라 홍당무를 못 살게 굴기는 마찬가지이었다. 아버지는 홍당무에게 애정은 있으나 거의 말이 없고 애정을 표현할 줄 모르는 사람이었으며 사냥 같은 취미생활에만 빠져 지냈다. 그를 사랑하지 않는 어머니는 늘 트집을 잡아 심술궂게 구박하고 형이나 누나 역시 그를 골려줄 생각에 골몰하였다. 엄마는 심지어 "엄마 나 무서워요." 라고 사정하는데도 한밤중에 "닭장 문을 닫고 오라!" 고 명령하질 않나, 변소에 가는 것이 무서워 난로에다 오줌을 쌌다고 "더러운 녀석! 정신 나갔니? 너란 애는 정말 지긋지긋하다! 개돼지보다 못한 놈! 짐승도 요강을 주면 사용할 줄 알 거다. 그런데 난로에 쌀 생각을 하다니…. 너 때문에 내가 못살겠다. 내가 미쳐, 미쳐 죽어!" 라고 무식하고 독한 뒷골목의 아낙네처럼 악담을 퍼붓고 폭행하기 일쑤다. 친모인데도 계모보다 학대가 더 심하였다. 악녀나 악마가 따로 없을 지경이었다.

홍당무는 실제 쥘 르나르가 어렸을 때 겪은 모습이며 자화상이라는 것이다. 소설은 자라나는 어린 시절을 한 장면 한 장면 거짓이나 과장 없이 있는 그대로 그리고 있어 끌린다. 읽다 보면 착하고 아름답게 꾸며진 동화 속의 주인공이 아니라 실제 현실에 존재하는 못 생기고 더럽고 잔혹하고 짓궂기도 한, 소년다운 결점은 고루 갖춘 홍당무인데 바로 나 자신의 모습이기도 하다. 소설에는 엉뚱하고 지저분하고 영악하면서 어리석으며 귀엽고 천진스러운 홍당무에게 공감하며 사랑하지 않을 수 없게 묘사한 쥘 르나르의 솜씨가 뛰어남에 감탄이 절로 나온다.

세상에 귀염받고 사랑만 받는 아이도 성공하기가 쉽지 않은데 온갖 학대와 멸시를 다 받아 열등감과 분노만 가득 찼던 체험이 인기 있는 소설의 소재가 되어 성공으로 이끌다니 실로 놀랍다. 앞서 화가들의 두려움과 불안이 성공의 원천이었던 것처럼 쥘 르나르에게는 학대 경험이 곧 성공의 대원천이었던 것이다.

10. 못 이겨낼 절망은 없다

《죽음의 수용소에서》 빅터 프랭클은 무엇보다 성공을 목표로 삼지 말라! 고 강조한다. 성공을 목표로 삼고 그것을 표적으로 삼으면 삼을수록 그것으로부터 더욱 더 멀어질 뿐이다. 성공은 행복과 마찬가지로 찾을 수 있는 것이 아니라 찾아오는 것이다. 지옥보다도 더한 극한의 상황에서도 남을 배려하는 유머러스한 말 한 마디와 빵 한 조각을 나누어주는 고귀한 인간의 혼을 지켜본다. 그는 생사의 갈림길에 서 있는 공포와 싸우면서도 어떤 절망에도 희망이 어떤 존재에도 거룩한 의미가 있다는 걸 설파한다.

그는 수용소 네 곳을 전전하면서도 끝까지 삶의 품위를 잃지 않고 육체적으로 정신적으로 건강하게 생환해 온 산증인이다. 지난 1997년 92세의 삶을 마칠 때까지 그의 영향은 호수처럼 맑았다고 후학

들은 전하고 있다. 그는 "왜 살아야 하는지를 아는 사람은 그 어떤 악의 상황도 견뎌낼 수 있다. 수용소에서도 긍정적인 무엇인가를 얻을 수 있는 기회는 분명히 있다. 대부분 그것이 기회인 줄 모르고 지나칠 뿐이다. 아주 소수의 사람만이 이렇게 위대한 고지에 오를 수 있다. 하지만 몇몇 사람들은 실패와 죽음을 통해서도 이런 위대함을 이룰 수 있는 기회를 갖는다. 평범한 환경에서는 절대로 도달할 수 없는 그런 위대한 성취를 이루어낸다"고 말한다.

강제수용소에 있는 대부분의 사람들은 무언가를 성취할 수 있는 인생의 진정한 기회는 자기들에게 다시 오지 않을 것이라고 믿었다. 그러나 실제는 그렇지 않았다. 미래에 대한 믿음의 상실은 죽음을 부른다. 수용소로 들어온 전쟁뉴스를 보면 약속한 날(꿈에 알려준 날 3월 30일)에 자유의 몸이 될 희망은 거의 없었다. 꿈을 말한 남자는 3월 29일 갑자기 아프기 시작했고 헛소리를 하다가 31일 날 죽었다.

주치의 말에 의하면 1944년 성탄절부터 1945년 새해에 이르기까지 일주일간의 사망률이 더없이 높았다. 사망률이 증가한 원인은 대부분 성탄절에는 집에 갈 수 있을 거라는 막연한 희망을 품었으나 희망적인 뉴스가 들려오지 않아 용기를 잃고 절망감이 그들을 덮쳤기 때문이다.

이것이 그들의 저항력에 위험한 영향을 끼쳤고 그중 많은 사람들이 사망하였다. 당시 죽어간 사람이 약 400만 명이라 한다. 공교롭게도 아버지와 세 아들이 함께 수용되어 있기도 했다. 세 아들은 모두 청년이었고 강제노동에 시달렸다. 유일한 희망은 연합군이 승리하는 거였다. 그래야 자기네가 살아나니까.... 맞아 죽고, 얼어 죽고, 굶어죽고, 병들어 죽는 공포에 떨며 나날을 넘기는 그들에게 해방의 날이 왔다.

아버지는 세 아들을 찾아 정신없이 돌아다녔지만 찾을 수 없었다. 안타깝게도 세 아들은 다 죽고 자기만 살아남았던 것이다.

"나는 세 아들과 옛날처럼 행복하게 살게 되리라는 희망을 단 하루도 버린 적이 없었어요. 그 희망이 이루어지게 해달라고 매일 기도를 했어요." "그런데 세 아들은 희망을 갖지 못하고 고통스런 현실 속에서 좌절하고 절망해 그만 죽고 만 거지, 희망, 희망을 가져야 돼! 희망은 우리들 자신을 전진시키는 가장 강력한 힘이라는 걸 잊지 말라!"

그렇다. 꿈과 희망이 있는 한 기어코 살아남고 에너지가 넘친다.

노인들이 무기력한 이유가 체력이 딸려서가 아니다.

바로 '희망이 없기 때문' 임을 알아야 한다.

만일 젊은이가 희망이 없다는 건 정신적으로 노인이 되었다는

뜻이고 그건 바로 죽음도 가까웠음을 의미한다.

빅터 프랭클이 유럽 학생들에게 조사한 바로는 25%가 크든 작든 실존적 공허감을 느끼고 있었다. 아마도 공지영에게 말한 수녀의 맥락이나 유사하리라. 미국 학생들은 무려 60%가 이런 공허감을 느끼고 있었다. 실존적 공허는 대개 권태를 느끼는 상태에서 나타난다.

실존적 공허의 증후군에는 우울증, 공격성, 약물 중독 등이 있다.

반대로 사람이 삶의 의미를 강하게 이끌어주는 것이 있다면 자살 방지에도 결정적인 도움이 된다고 한다. 자살기도가 미수에 그친 사람들이 수없이 하는 이야기가 '자살이 실패했다는 것을 알았을 때 얼마나 기뻤는지 모른다.' 는 모순된 이야기가 말한다. 당시에도 문제를 해결할 수 있는 방법이 있었고 의문에 대한 해답이 있었으며 삶에 의미가 있었다. 비록 사정이 좋아질 확률이 1/1,000이라 할지라도...

하버드대에서 실시한 조사에 따르면 학생 중 80%가 최소 한 번의 극심한 고통을 겪었으며 그중 47%의 학생이 고통으로 인해 정상적으로 일을 할 수 없었던 경험이 최소 한 번 이상 있었으며 10%의 학생이 자살을 생각했던 적이 있는 것으로 나타났다. 근사해 보이는 하버드대 학생들도 고통을 받는다. 이에 탈 벤 샤하르의 "고통 역시 우리가 경험해야 할 인생의 일부입니다. 괴로워하며 견디기보다는 담담하게 즐기는 편이 낫지요." 라는 말이 어느 때보다 따스하게 가슴으로 다가옴을 느낄 수 있다.

아무리 절망이 크다 하여도 서울대 지구환경과학부 이상묵 교수의 절망에 견줄까. 이교수는 2006년 7월 연구팀과 미국 캘리포니아 데스밸리에서 지질조사를 하던 중 차량이 전복되는 바람에 사고를 당해

1급 장애인이 되었다. 당시 여학생 한 명도 사망하는 큰 사고였다. 이 교수는 전신마비를 당해 목 아래를 전혀 쓰지 못해 2,000만 원 상당의 전동휠체어에 의지하고 지낸다. 당시 회복될 확률은 거의 제로에 가까웠으나 그는 일어섰다. 불편한 점은 이루 말할 수 없는데 감기에 걸렸을 때에도 기침을 못하고 배와 방광에 구멍을 내 뽑아낸다는 것이다. 게다가 30분에 한 번씩 전동휠체어의 자세도 바꾸어야 한다. 욕창이 생길까봐.... 불편한 건 아이들을 안아주지 못하는 게 가장 아쉽다는 그다.

"제 장애는 루게릭병이나 비슷합니다. 아예 움직일 수 없으니까요." 라고 말하면서도 잘 웃고 농담도 잘 던진다.

"내가 장애인 맞어?" 라고 자문할 정도로 밝게 사니까 누가 "항상 웃으세요?" 라고 질문했다. "움직일 수 있는 근육이 얼굴밖에 없잖아요." 라고 답하는 여유가 있다.

이상묵 교수의 미소는 유명하다. 그러면서 "긍정은 나의 힘, 다친 뒤 더 의미 있는 삶이 열릴 줄이야." 라고 장애인이 된 후 이제 남을 도와야겠다고 말하며 "컴퓨터는 신이 내린 선물" 이라고 오직 컴퓨터에 의존하며 산다.

이상묵 교수에게 무엇이 가장 불편한가? 라는 물음에 "아무 것도 없어요. 저는 팔을 사용하지 못하고 오직 뺨과 입으로 기계의 센서와 마우스를 움직여 컴퓨터를 조작할 수 있습니다. 학생들도 가르치고 논문도 쓸 수 있습니다만 직업이 교수라는 사실이 다행이라는 생각을 자주 합니다."

11. 관계는 최고의 실력

뛰어난 연구인들은 뜻밖에 공부벌레라기보다 적절한 두뇌 휴식으로 카드놀이나 당구, 또는 바둑 등으로 사람들과 잘 화합하고 잘 어울리는 사람들이다. 한 예로 콜럼버스에 있는 오하이오 주립대(Ohio State University)에서 최우수 교수(Honored Professor) 지위를 연 2년간 자리한 선배 한 분이 있다. 선배는 미국에서 Lipid 분야의 최고 학자이고 관련 학술지의 편집인으로 여러 해 봉사하기도 했다.

시카고에 간 어느 날, 교포에 관련된 자료를 보다 우연히 연락처를 알게 돼 즉각 전화했던 바, 우렁찬 목소리로 "야! 정교수 반갑다. 당장 내려와라~." 하고 강압적으로 명령하는 것이 아닌가. "아니 모레 귀국할 비행기표를 끊어 놓아서 곤란한데요?" 라고 퉁을 놓으니 "정교수 너 나하고 인연 끊을래." 라는 벽력같은 소리가 전화기를 왕왕 울렸다.

도저히 그냥 내뺄 수 없는 고압에 못 이겨 친구로부터 차를 빌려 즉각 달려갔다. 거리나 가까운가. 450마일이니 720km로 왕복 거리는 무려 1,500km이라 서울 부산을 두 번이나 왕복할 먼 거리다.

이때 느꼈다. 연구자라 해 외톨이로 연구실에 오랜 시간 틀어박혀 때로는 식음도 잊어가며 매달린다고 우수한 업적이나 성과가 나오는 것이 아님을.... 실제로 기업에서도 탁월한 연구가는 긍정마인드에 관계를 중시하는 스타일이다. 대학 졸업 후 잠깐 몸담았던 아모레퍼시픽은 서경배 회장의 뛰어난 경영능력과 우수한 연구진이 뒷받침된 탓이다. 특히 연구소장으로 많은 업적을 남긴 김창규 소장은 우리네와 비슷하게 카드, 당구, 술자리 등을 통하여 동료들과 어울리기를 좋아하고 긍정마인드가 깊게 밴 분임을 주목할 필요가 있다.

얼마 전 작고한 고 김상현 의원이 존경스럽다. 전쟁 통에 어머니를 잃고 아버지도 열넷에 돌아가셨으며 야간고교 중퇴인 김상현 의원이 무려 6선 의원을 지낸 배경은 바로 강한 긍정마인드와 탁월한 관계관리의 덕분이 아닌가 싶다. 구두닦이부터 허드렛일까지 발버둥 쳤지만 야간 고등학교도 채 마치지 못하였다. 6, 7, 8대 3선을 한 뒤 1971년 14대 총선에 진출했는데 17년간이나 피선거권이 박탈당하는 등으로 무려 20년 동안 업자로 지낸 후이었다. 그 동안 5년간 감옥살이를 했고 가택연금만도 73차례라 한다.

그는 마당발이라 일컬을 지경으로 관계가 탁월한데 그 중심은 화해와 용서 그리고 감사이었다. 자신을 고문한 이를 만나 용서하고 "정권이 시킨 일을 했을 뿐 당신 잘못이 아니다." 라고 말하며 고문 수사관에게 "나의 팔과 다리를 부러지지 않게 해줘 감사하다." 고 인사해 감동이 넘치는데 놀랍게도 그가 부친상을 당했을 때 문상을 가기도 했다.

정녕 사람인가 싶다. 그의 돈지갑은 정거장일 만큼 어려운 동지, 후배에게 지갑을 열었다 한다. 해학과 포용의 정치, 좀처럼 볼 수 없는 큰 거목이라고 불리는 김의원은 "정치는 필요할 때면 악마와도 손잡는 것이다." 라는 말이 의미하듯이 20년간 원수와 같이 싸우며 적장과 스스럼없이 담판하고 인간적인 관계를 맺은 그의 관계 실력은 가히 '신의 경지' 가 아닐까.

천주교 성당에 나갔다는데 보통 사람으로서는 도저히 나서기 힘든 봉사, 역겹기 짝이 없는 시체를 만지작거리고 염습하는 장례전문 봉사단체인 연령회에서 국회의원으로서 봉사활동을 펼치기가 무려 10년을 넘었다는 거인이다.

요즘 국회의원을 '구쾌의원' 심하게는 '국해의원' 이라 부르는 것을 볼 때 도무지 믿어지지 않는다. 말이 그렇지, 산 노인 만지기도 그런데 죽은 시체를 만지기가 얼마나 고약한가? 그것도 내 부모, 내 형제도 아닌 생판 남남 전혀 모르는 타인의 시체를 씻고 염습하는 일은 보통일일이 아니다. 아마도 매일 6시에 새벽미사 가기를 20년 계속했다는 신앙의 힘이었을까. 정녕 그는 정치인으로서 거목이 아니라 관계관리에서도 '세기적인 거목'일 듯싶다. 끌어안고 용서하고 베풀고 앞장서 봉사하는 자세야말로 관계관리의 대들보이다.

우리는 관계와 더불어 살아가고 관계를 통해 일을 한다. 관계가 엉성하거나 서툴면 조직생활 나아가 정부기관이건 기업이든 다른 사람들과 함께 일하는 직장생활은 단념해야 한다.

오죽하면 하버드대 MBA출신의 성공을 조사했더니 뛰어난 업무능력에 기인한 것이 아니라 '관계의 탁월성'에 좌우된다 했을까. 실제 조사한 바에 의하면 업무능력과 관계의 비율은 놀랍게도 20% : 80% 이었다. 절대적으로 관계가 좌우하였다. 어떤 보고는 업무능력은 15% 정도밖에 작용하지 않는다고 더 깎아내리기도 한다.

빌 클린턴도 관계를 강조하며 성공의 첫째 요소는 인간관계를 잘 맺고 이를 유지하는 것이라고 말한다.

성공하는 사람들은 인맥관리를 중시한다. 항상 사람과의 관계를 생각한다. 혜민스님도 관계를 중시하고 있다. 나는 왜 관계를 강조하는가? 요즈음 싱글맘, 독신족, 혼족 등 나 홀로 문화가 너무나 팽배해서다. 교수도 나 홀로 그룹에 속한다. 왜냐하면 교사들은 교무실이라고 몇 분이 함께 쓰지만 교수는 근무하는 공간인 연구실을 혼자 사용하는데다 전공이 다르고 각자 강의 시간도 다르다. 평소 교류조차 거의 없고 군대나 학교마냥 집합이나 조회가 없으니 심한 경우는 몇 년이 지나도 얼굴을 못 보고 지나는 교수도 있다. 그럼에도 관계의 틀어짐 때문에 고민하고 스트레스를 많이 받는다.

12. 가장 힘든 때가 가장 행복했었네

　시애틀에서 우체부 생활로 유명한 교포 권종상은 《시애틀 우체부》란 책을 썼고 부제로 '나는 시애틀에서 가장 성공한 사람'이라고 말해 흥미를 끌었다. 물론 시애틀 지역에서 성공한 교포는 수도 많고 그중 신호범씨처럼 파주에서 태어나 미군부대 하우스보이로 일하다 입양된 후 교수로 출발해 미 상원의원에까지 진출한 대단한 분도 있지만 나는 권종상씨의 성공 이야기에 더 감동을 받았다.

　권씨는 첫 담당 지역인 라우트(route: 도로)를 웨스트우드에서 브로드웨이로 옮기기 전에는 기껏 트레이가 4개, 평소엔 3개이었는데, 옮긴 후엔 최소 6개, 많을 때는 17개로 하루 편지가 2천~3천 장이었다. 퇴근도 규정시간보다 한 시간 늦게 끝나고, 처음엔 우체국 관리자들이 자기를 다른 우체국으로 보내는 문제에 대해 심각한 이야기도 나누었던 모양이라고 오해하기도 했다.

처음 3주 동안은 완전히 시간에 쫓기고 정말 눈물밥을 먹어야 하는 날들이 많았다. "왜 나를 이런 곳에 보냈는가? 라고 우체국을 원망하고 한숨을 푹푹 쉬며 그 라우트에서 억지로 일을 했죠." 라고 고통을 토로하였다. 그렇게 싫어하던 라우트에 친한 사람들이 하나둘 생기고 몇 천개의 이름을 모두 외우게 되면서 재미없던 라우트에 정이 들기 시작하였다. 모두 함께 힘든 일을 하는 까닭인지 동료들과 정이 많고 다른 우체부들이 어려울 때는 기꺼이 도와주려는 친구들이어서 친해지기가 더욱 쉬웠다. 일단 정이 붙고 나니 우체국에서 가장 일 잘하고 속도 빠른 우체부가 되었다.

"일단 1천 가구의 이름을 모두 외워 버리니 그 다음부터는 일이 쉬워지네요. 확실히 한국인의 기억력은 뛰어나죠." 라는 그의 말이 증명한다. "제가 아무리 라우트를 사랑해도 아침에 정리해 실어야 할 엄청난 양의 우편물을 보면 눈앞이 막막해집니다. 하지만 주어진 길을 꾸준히 걸어가다 보면 그 양이 점점 줄어들죠. 최종 배달하는 아파트에서 마지막 우편물까지 모두 배달하고 몇 개의 빈 우편물 선반만 굴러다니는 우편트럭 뒤를 보면 아침에 언제 그렇게 많은 우편물이 실렸었는가 의심되기도 해 놀랍습니다."

마음 한 켠이 시원해지며 스스로도 대견해지는 그 뿌듯함은 이루 말할 수 없었다. 인생도 그렇잖은가 싶었다.

"꾸준히 걷고 또 걷다 보니 어느새 짐도 줄고 삶의 의미까지 느끼게 되었으니 말입니다. 묵묵히 주어진 길을 걷겠다는 마음이 없었다면 그 길이 너무 힘들었을 것이고 지친 저는 길 끝에서 기다리는 이 행복을 맛보지 못했을 지도 모릅니다." 라는 말에서 그의 진한 감동을 읽을 수 있다.

권종상씨의 글을 읽고 언뜻 내 군대생활이 떠올랐다. 정식 입대하면 전공이 화학이라 화학병과를 받아 부대 배치도 괜찮고 전공마저 살릴 수 있는 일거양득일 터인데 자원입대하니 무조건 도매금으로 보병이었다. 보병은 전투병과 중 기본으로 매일 훈련하고 뒹구는 게 일과라 사병들에겐 랭킹 1위의 비인기 병과였다. 부대 배치도 의정부를 거쳐 군용 트럭에 짐짝처럼 실려 먼지를 잔뜩 뒤집어쓴 채 무려 4시간을 달려 도착한 강원도 깊은 산골짜기이었고, 밤이면 북한군의 마이크 소리가 또렷하게 들리는 까닭에 오싹 겁나는 최전방 험지다.

그래도 대학물을 머금은 사람은 행정을 맡아 다소 낫다하나 전공이 보병인 만큼 고달프기 짝이 없는 병영생활이었다. 특히 60년대 군은 보급도 시원찮고 빈번한 배달사고로 말미암아 밥 한 사발이라는 게 겨우 몇 그람의 쌀 몇 톨과 보리만 잔뜩 떠오르는 밥만 배급되니 만년 허기에 힘든 상황이었다. 피복도 노숙자보다 못한 너덜너덜 낡은 누더기로 지내야 하는 거지 중 상거지 생활이었다. 그나마도 좀 나은 상급부대에서 작전 행정을 보다가 추방당해 말단 중대 서무계를 보게 되었다. 당시 군대는 올라갈수록 보급이나 근무도 편하고 인간 대우도 제대로 받지만 예하 부대로 내려갈수록 고달픔이 배가 되는 못된 역구조이었다.

처음엔 감옥이 이보다 나을까 싶을 정도로 악에 바쳤고 열악한 환경도 서러운데 명문대학 물이나 먹은 놈이 이런 말단에까지 쫓겨내려 왔느냐고 비웃고 조롱하는 게 무엇보다 견디기 힘들었다. 돈도, 빽도 없는 녀석이라고 괄시가 극심하였다. 상급부대 정보과에 근무하는 문리대 출신 3년 선배도 이런 전방 부대에 떨어져 신고(辛苦)가 말이 아니라고 불평 및 비관만 해대느라 얼굴은 성형수술을 몇 차례나 받아야 할 만큼 삿자리 주름이 가득했을 할 정도이니 알 만했다.

난 생각했다. 이왕지사 빠져나갈 수도 없고 앞으로 2년 반을 꼼짝없이 견뎌야 한다면 최소한 서울대 출신이 웃기고 형편없다는 비난만은 면해야 할 것 아닌가. 어쩔 수 없는 한계 상황에서 그래도 실낱같은 자존심은 있어서인지 무언가 보여줄 필요가 있다는 각오로 시애틀의 우체부마냥 열심히 일하였다. 아마도 지금까지 살아온 중 그때가 가장 열심히 일했다 싶을 정도로 이를 악물고 열성을 다 했다.

군대에서마저 인정받는다면 어디에 간들 못 버티리까. 마치 하바드대에서 "네가 진정코 능력이 있다면 사소한 일에서 뛰어남을 보여주라."는 말을 기억하며 올인했다. 나를 시험하자고 결심했다.

드디어 "콩 심은데 콩 나고 팥 심은데 팥 난다." 고 비록 특수 사회인

군이지만 노력의 결실이 돋보이기 시작했다. 맨 먼저 중대장인 대위가 알아주었다. 그 보답으로 남의 영역인 통신 업무도 도와준답시고 '작전음어 경연대회'(네 자리 숫자로 된 음어를 이용해 각종 문장을 만들거나 해석한다. 보통 1주일 분 한글 148자를 이용한 해석과 작문을 누가 빨리 해내느냐를 평가함)에 출전해 운 좋게 사단 전체(당시 약 10,000명)에서 톱을 차지했고 제대할 때까지 1위를 양보하지 않았다. 그 결과 대우도 대우려니와 상품과 함께 포상 휴가도 주어져 제법 쏠쏠한 재미가 있었다.

지나고 보니 좀처럼 경험하기 힘든, 나를 담금질하는 절호의 기회이었다, 당시 경험은 소중한 자산이었고 훗날 어떤 시련이라도 능히 극복해낼 것 같은 자신감과 자존감 향상을 불러왔다. 그때부터 "하면 된다. 나에게 불가능은 없다." 라는 강한 긍정마인드가 길러졌다.

모르긴 해도 촌놈이 현재 요만큼이라도 지닐 수 있는 것은 군에서의 담금질 덕분이 아닌가 싶어 고맙게 여긴다. 그러고 보니 살아오면서 편하기보다는 힘들었던 날들이 반대급부로 엄청난 열락을 가져온 듯했다.

옛말에 "경사는 지나고 나면 허전하나 힘든 일은 오히려 행복하다." 와 같았다. 서울의대를 졸업하고 소록도 공중 보건의로 근무했던 분도 처음엔 그토록 견디기 어려울 만큼 힘들고 험했으나 고생스러웠던 일은 전혀 생각이 안 나고 즐거웠던 일만 생각난다고 말한다.

나 역시 젊은 교수일 때, 그로기 상태일 정도로 정신 없었지만 그래도 사는 맛이 있었고 희망에 부풀어 에너지도 넘쳐났던 것 같다.

'힘들어 죽겠네'를 수없이 반복하면서 지냈는데 나중 저술로 인세 수입도 짭짤해 언제 고생했느냐는 듯 다 잊었으니...

소통과 관계의 실례 ^{實例}

1. 했슈우~

　작년 추석을 즈음해 시골에 사는 사촌에게 "오는 벌초에 나도 참여하고 싶은데 언제 할 계획인가?" 라고 물으니 아직 안 정했지만 날짜를 잡으면 연락해주기로 했다. 그런데 추석이 내일 모레로 다가오도록 감감무소식이었다. 참다못해 전화를 걸었다. "도대체 언제 벌초하려고 연락도 없느냐?" 고 힐난조로 물으니 "했슈우~" 하며 이미 끝냈다는 이야기이었다. "기래! 연락도 없이..." 참으로 어이가 없었으며 얼굴이 확 달아올랐다. 벌초를 핑계 삼아 오랜 만에 부모님이 계신 선영에 가서 가을 하루를 즐겁게 보내려던 계획은 빛이 확 바래고 말았다.

　"대수롭잖은 일 갖고 온 몸을 부들부들 떨며 화낼 건 무엇이람.." 하고 지나치기 쉬우나 '작은 일도 잘 안 지키는 친구가 어찌 큰 거래를 제대로 하겠느냐?' 라는 불신의 늪에 빠져 비즈니스를 망칠 수도 있다. 아무리 너그럽게 생각하더라도 피드백이 없으면 나한테 섭섭한 일이 있나? 삐쳤나? 아니면 만나기 싫은 건가? 이젠 끊어야 하나? 등 오만 잡생각이 다 일어난다. 고향 친구들의 피드백은 대체로 맘에 안 든다.

충북은 옛날 삼국시대 고구려, 백제 및 신라의 각축장으로 거의 날마다 나라가 바뀌다시피 변화무쌍하니까 자칫 정체가 탄로 나면 어찌 될까봐 속내나 감정을 드러내지 않는 문화가 지배해왔다고 변명한다. 자연 표정도 포커페이스가 많다. 이해는 되나 기분 나쁜 거와는 별개다. 당하는 입장에서는 그래도 화난다. 피드백에 통신비가 들어가나? 우체국까지 나가야 되는 성가심이 있는가? 전혀 그렇잖은 데 왜 묵묵부답일까. 단 1분 또는 30초만 스마트폰을 두드리면 족한데 그걸 힘들어 한다니 심각한 비정상적 문화이다.

어느 의원은 주민이건 누구이든 100% 피드백을 해준다는 소문이다. 아는 분의 처남이라 해 초선 선거운동 때 격려 차 방문했다. 미안하게도 '인상이 저렇게 못났는데 과연 관운이 있을까' 라고 고개를 갸우뚱하며 염려하였는데 무려 5선에 부의장도 지냈다. 초선 의원들에게는 편지 그것도 워드가 아닌 일일이 붓으로 인사말을 보내는 성의가 있어 장수한다는 소문에 엄청 놀랐다. 지역구에도 어느 의원이 말하듯 금귀월래金歸月來(금요일 내려갔다가 월요일 올라온다)는 물론 자정을 넘어 새벽 두세 시가 되었더라도 지역에 무슨 일이 생겼다 하면 성큼 뛰어 내려간다는데 당해낼 후보가 있을 리 없다.

　한편 고향 사람이기도 하고 초등학교 동기생의 절친이라 여러 번 인사를 나누도록 주선하겠다고 말깨나 오간 고참 의원이 있었다. 다른 일로 의원회관에 갈 때마다 방문해 "바쁘겠지만 면담을 마련해달라." 고 보좌관에게 몇 번 부탁하였으나 내 말을 텃밭에 널브러진 개똥쯤으로 여기는지 단 한 번도 피드백이 없었다. 무시 그 자체이었다. '바빠서 미안하다' 는 부정의 피드백조차 없었다. 그래서인지 촛불시위로 시작된 정치적 소용돌이에서 패장의 올가미가 씌워져 신세는 천길 나락으로 크게 추락하였는데 어쩌면 인과응보가 아닐까 싶었다.

　그런가 하면 단지 보좌관에게만 볼 일이 있어 방문하는데도 꼭 나와 공손히 인사를 올리는 어느 의원이 있었다. '젊은 의원이 괜찮구나.' 라고 마음에 새겼는데 적지라 할 만큼 야당세가 강한 험지에서 20대 국회의원으로 당당히 당선됨에 "역시 하늘은 다 보고 있구나." 라는 사실을 확인하였다

　교수는 물론 지도자라는 사람 대부분 피드백이 엉성한 현실에서 바쁘기 짝이 없는 신분인데도 피드백을 꼭꼭 해주어 신뢰를 넘어 존경에 이르는 분도 있다. 바로 이기우 재능대 총장이다. 교육부에선 "그 사람은 백년에 한 명 나올까 말까 한 인물이다." 라고 평하자

이상주 부총리는 대뜸 화를 내며 "무슨 소리야! 천년에 한 명 나올까 말까 한 인재야." 라 말했대서 온 직원이 놀람과 동시에 가가대소했다는 일화가 있을 정도다. 그는 콜백을 100% 해주는가 하면 결과가 비록 기분 나쁠 지경이라도 피드백을 꼭 해준다.

확실한 피드백 실력이 뒷받침되어서인지 오너가 아님에도 재능대학 총장을 4선 째, 한국전문대총장협의회장을 걸러 가며 3선, '한국의 영향력 있는 CEO대상' 을 3회 수상한 돋보이는 리더십이다. 그야말로 내로라 할 [4x3x3] 리더십을 자랑하는 피드백의 황제이기에 소개했다.

우리나라는 피드백을 않는 게 무슨 대단한 권위의 상징인양 묵묵부답의 문화를 자랑한다. 딱히 어느 곳이랄 것도 없이 곳곳에서 피드백은 실종이 아니라 아예 태어나질 않았다.

미국의 대학을 방문하려면 초청장이 있어야 하는데 방문하고 싶다는 의사를 정중하게 담아 몇 군데 편지를 보내면 꼭 친지가 답하는 것처럼 초대장을 보내는 가 하면 90% 이상이 피드백을 해줘 놀랍다. 심지어 사정상 받아들이지 못할 경우에도 '죄송하다' 고 답을 해준다. 우리는 허용할 수 있더라도 '귀찮게 뭘' 이라는 것인지 피드백이 없는 판국이라 거절이나 부정의 경우에는 아예 답이 없다. 아닌 말로 깔아 뭉갠다. 대체로 '답 없으면 거절로 알면 되는 게지 무슨 말이 많으냐' 는 심보인 듯 상식 이하의 수준이다.

2. 뭐라꼬?

　지금이야 보청기를 끼니까 웬만한 대화는 다 알아듣지만 따발총을 쏘듯, 폭포수가 내리쏟아지듯 초스피드로 내뱉는 젊은이들의 말이나 괴상한 발음은 듣기 힘들다. 자연적으로 "뭐라고요?" "뭐라꼬? 뭐?" 를 자주 반복한다. 다소 이해하는 사람들은 "안 들려요?" 라고 살짝 말하다 "안 들려요?" 라고 두 배, 아니 다섯 배 큰 목소리로 말해준다. 그래도 못 들으면 온 건물이 무너질 듯 "안 들린다고요?" 라고 아닌 말로 100배 크기로 귀청이 떨어질 만큼 크게 말한다.

　언젠가 '핵' 이란 말이 안 잡혀 무엇? 하고 묻다 "해애액" 하고 소리질러 바위에 내지르는 망치소리로 착각한 적이 그 하나다. 듣는 사람의 입장을 생각해 조금이라도 천천히 한 자 한 자 또박또박 말해주면 잘 알아들으련만 듣는 상대방은 아랑곳없이 볼륨만 높인다. 무조건 자기 위주로 말하고, '도통 못 듣는구먼.' 하고 지레 넘겨 짚는다.

언젠가 단골인 정형외과에 들렀을 때 일이다. 원장이 몇 번 말하다 "뭐라고"를 몇 번 해대니까 "오늘 왜 그렇게 못 들어요?" 하고 볼멘소리를 해 갑자기 목구멍으로 피가 솟아오르는 듯해 "나 보청기 끼잖아... 좀 또박 또박 말해주면 알아들을 텐데..." 하고 역정을 냈다. 이어 "숨도 쉬지 않고 초스피드로 쏘아대니까 단어가 잡히질 않잖아" 라고 화가 잔뜩 치밀어 당차게 들이대니 민망한지 "죄송해요" 라고 사과하는데 맘에 안 찬다. 그래도 분이 안 풀려 한 바탕 해댈까 했지만 '병신이 참아야지' 하고 마지못해 물러선 적이 있다.

못 듣는 것은 의당 청력이 나쁜 탓이지만 단어를 구분하는 변별력이 떨어져서일 뿐, 소리 자체가 낮거나 작아서가 아닌 경우도 꽤 많다. 그럼에도 사람들은 본인이 느껴보지 못하기 때문에 무조건 소리만 크면 만사 오케이인 줄 알고 볼륨만 높일 때는 안타깝다. 오히려 울려서 더 못 듣는다. 외국인은 못 듣는 눈치, 가령 보청기를 발음할 때는 우리처럼 보청기를 좀 높여 보청기 다시 보청기라고 음을 높이다 '보 오 처 어 엉 기'라고 한 자 한 자 끊어 말해주거나 '비읍. 오오. 치읓. 어어. 이응. 기역. 이' 라고 풀어주어 금방 알아듣는다. 앞의 핵도 "그 방사능 핵 말야." 했으면 냉큼 알아들을 일이다.

언젠가 고희 기념으로 하와이 여행을 시켜주어서 자식이지만 너무나 고맙고 인상적인 추억이라 신나게 말하고 있는 참이었다. 갑자기 "스리랑카는요..." 가 끼어들어 찬물을 뒤집어쓴 것 마냥 화들짝 놀랐다. '아니 스리랑카와 하와이가 어떤 관계가 있는가' 라며 얼굴이 확 달아오름과 더불어 매우 불쾌한 생각이 들었다. 이색적이고 인상 깊었던 모처럼의 힐링스토리는 그만 스리랑카 때문에 뭉개지고 말았다. 도대체 무엇이 문제인가.

주의 깊게 듣는 경청(careful listening)은 내동댕이치고 단순히 듣기(hearing)만 한 탓이다. 더구나 화자(말하는 사람)에게 귀를 기울이는 상대중심적 경청이 아닌 자기중심적 경청에 몰두한 탓이다. 경청이 불량하면 대화 중 자기 이야기로 브레이크를 밟는다. 혜민스님이 말하듯 "운전을 잘 못하는 사람이 운전 중 자주 브레이크를 밟는 바나 무엇이 다르랴?" 적절히 공감도 해주어야 말하는 사람이 신난다. 예처럼 스리랑카가 끼어드는 건 이야기를 듣는 척은 하고 있으나 머릿 속에서 자기 생각에만 몰입한 탓이다. 오직 스리랑카 여행만 되새김질하고 있었던 때문이다. 나는 불량한 청력 탓으로 온 힘, 온 정성을 다해 귀를 기울이고 경청하려 한다. 특히 겨울철이면 누선이 막혀 눈물마저 눈자위로 흐르노라면 이야기하는 사람은 매우 감동한다. "내 이야기가 얼마나 재미있으면 저렇게 눈물마저 흘릴까" 하며... 굳이 "그랬어!" "야 대단하다" 등 적당한 반주를 않더라도 말하는 사람은 신난다.

세종대왕의 경청 능력이 뛰어났다는 사실은 너무나 유명하다. 세종은 어전에서 늘 "경들은 어찌 생각하시오" 란 말을 자주 했다고 한다. '그는 강력한 왕권을 가진 군주임에도 모든 결정을 신하들과 의논해 내렸다' 고 설명했다. 임금으로 있던 32년간 경연(임금이 신하와 함께 공부하거나 국사를 논하는 자리)을 무려 1,898회나 마련했다. 소통을 대단히 중요시하는 임금임을 금방 알 수 있다. 직전 임금인 태종이 18년간 불과 60회 한 것에 비교하면 어마어마한 수치다.

2016년 중앙일보가 306명에게 국외 인물 중 가장 '매력적인 리더와 그 이유' 를 물은 바, 오바마를 써낸 이가 많았다 한다. 매력으로는 상대방을 이해하는 소통 능력을 꼽았다. 서울대 김종영 교수는 "자신과 생각이 다른 사람의 주장도 경청하고 포용하는 자세가 오바마를 매력적인 리더로 만들었다" 고 설명했는데 경청의 중요성은 몇 백 번 강조해도 지나치지 않을 만큼 소통과 관계에서는 절대적인 요소이다.

코칭할 때 경청을 잘 해주면 "너무나 좋았다" 고 대부분 눈물을 흘리며 감동한다. 곱다랗고 예쁜 엄마가 있었다. "어떤 이야기를 나누고 싶으냐?" 하고 물은 즉 망설인다. 다시 "우리 둘이 나누는 이야기는 직업윤리규정에 반드시 보안을 유지하게 되어 있습니다. 외부에 공개하면 형사 처벌을 받으니 절대 비밀을 지킵니다." 라고 답했더니 12살 먹은 딸이 건선으로 내내 고생하고 있는데 좀처럼 낫지 않아 사람 미치

겠단다. "엄마는 외모도 곱지만 참으로 심성도 고우신 분 같은데 그런 큰 시련을 겪고 계시군요." 라고 공감해주고 한참 후 "대단하십니다. 그 엄청난 고통을 이제까지 잘 견뎌왔으니 말입니다." 라고 위로하니까 눈물을 흘리며 신세 이야기를 쉬지 않고 내리 하는 게 아닌가.

이윽고 "지금 상황과 마음 쓰시는 걸로 보아 반드시 좋아질 것이며 하느님도 꼭 보살피시리라 확신합니다." 라고 격려해주었다. 1시간 동안 그 분은 자그마치 55분간, 나는 겨우 3분 동안 말하는데 지나지 않았다. 그럼에도 "제가 해드린 게 없는데 소감이 어땠느냐?" 고 묻자 "너무 좋았습니다. 참으로 좋은 시간이었어요." 라는 답변에 크게 놀랐다.

'의례적이 아닌 진정한 모습이라 여긴, 상대 중심적 경청이고 공감이 뛰어난 경청이었나' 하고 속으로 착각했다. 그러자 "정말 고맙습니다. 속이 후련합니다. 희망이 보이는 군요." 라면서 허리를 180도 굽혀 곱게 연신 인사하는 것이었다. 이윽고 "오늘 저와의 만남이 어땠어요?" 라고 묻자 "오늘 너무나 감동적이었습니다. 생전 처음 엔도르핀이 펑펑 솟아나는 대화이었습니다." 에 나도 처음으로 뜨거운 감동을 느꼈다.

3. 소통과 관계의 기술

　대학 때는 캠퍼스가 수원에 있는 탓으로 서울에 볼 일이 있을 때마다 항상 잠자리가 걱정이었다. 숙박 시설은 엄두도 못 낼 형편에 맘 놓고 잠을 청할 수 있는 직계 친척도 없었다. 그럴 즈음 기숙사의 룸메이트와 친한 동기생이라 자주 들르는 Y가 나에게로 가깝게 다가왔다. 문학도라 자처하는 입장에서 매일 소설책만 읽는 내 모습에 호감을 가졌던 모양이었다. 그러다 그의 집을 방문했고, 염치없이 Y의 집에서 숙식을 해결하는 일이 잦았다. 나중 친형제처럼 친해진 후엔 무조건 자기 집에서 묵으란다. 심지어 눈 수술로 통원 치료해야 할 때도 그 친구 집에서 여러 날 묵기도 했다. 고맙기 짝이 없었다. 문제는 이렇듯 나를 좋아하는 바탕이 몹시 궁금했다는 사실이다. 그는 내로라 할 명문 K고 출신에 학과 톱으로 입학했고 영어 원서를 국문 교과서 읽듯

줄줄 읽는 수재이어서다. 당시 실업고 출신 깡촌놈인 나와는 하늘과 땅 차이만큼이나 격차가 있었다.

그럼에도 가까워진 계기는 나는 전형적인 흙수저인데 반해, 그는 결손 가정의 핸디캡을 안고 있어 결핍의 끈이 단단한 연결고리로 작동한 듯했다. 시간이 흐르자 둘이서 밤새 이야기를 나눌 때가 많았는데 내가 편한지 속을 다 털어놓는 사이로까지 발전하였다. 동기생이나 다른 친구에게는 자존심 때문인지 도무지 속내를 보여주지 않는 고집을 부리면서도 유독 나에게는 맘껏 이야기할 수 있어 편한 모양이었다. 그 이유는 훗날 배운 경청, 그것도 감정을 함께 해주는 공감, 이른바 공감적 경청에 그만 매료된 모양이었다.

특별히 배운 바도 없고 당시는 그런 부문에 맹할 때인데 경청을 잘 해준다니... 모르긴 해도 숙식을 제공받으니까 재미없어도 참고 견디며 귀를 쫑긋하고 잘 들어주었으리라. 경청이란 말조차 몰랐고 제대로 배운 바 없어도 그 친구가 말하면 불평 없이 공감하면서 마냥 들어주고 적절히 반주도 넣어주었던 모양이었다. 그 이유는 아무래도 약한 청력을 보완하려는 뜻도 있었을까. 아이러니하게도 불량한 청력이 되레 뛰어난 경청으로 둔갑하다니 세상은 참 묘하다. 어느 때는 아닌 말로 수십 번 반복해 이야기해도 기분 좋게 들어주는 그 자체로 굳은 응어리가 다 풀리고 혈액순환도 잘 되는지 수많은 이슈나 화제를 마음 편히 입에 올린다.

말하는 이가 '쿵' 할 때 듣는 이가 바로 '짜아~악 짝' 이란 반응을 보이면 엔도르핀이 돌아 즐겁다. 여기선 '쿵' 하는데 '짜아~악 짝' 은커녕 '찌~지직' 해보라. '쿵 찌~지직' 으로 불쾌지수가 확 올라감과 동시에 자칫 주먹이라도 날릴까 겁난다. 차라리 목석과 이야기하지 내가 미쳤나 싶고 혈압만 상승한다. 기껏 '흐음' 뿐, 화순 운주사의 와불처럼 일체의 동작이나 표현이 없을 때에도 마찬가지다. '그만해야겠구먼… 내 참~' 하고 일어서고 싶다. 차라리 스마트폰이라도 매만지면 알밉긴 하나 '무슨 급한 문자가 떴나보다' 라고 이해할 수 있지만 언뜻 자기 할 말만 머릿속에 그리고 정리하는 건 아닌지 기분 나쁘다. 경청은 소리로만이 아닌 마음으로 들어야 진정한 경청이 아닐까 한다. 앞의 Y군도 내가 진정 마음으로 듣는다고 보았기에 좋아하는 것일 터이다.

이청득심(耳聽得心)이라고 사람의 마음을 얻는 최고의 지혜는 귀를 기울여 경청하는 것이라 한다. 성인같이 잘 들어야 마음을 얻는다.

성인의 聖을 보면 귀(耳) 다음 입(口)이다.

'바로 성인은 먼저 듣고 난 후 입을 연다.' 는 뜻이다.

경청을 잘 하면 강한 긍정바이러스가 피드백으로 공급돼 말하는 이는 힐링도 맛보고 엄청난 에너지가 생성되는 긍정적 효과가 있음은 상식에 속한다. 한 예로 남편이 좁쌀로 어지간히 잔소리를 해대는 스타일이라고 여러 차례 못 마땅하다는 말을 들려준 여교수가 있었다.

얼마 전에도 예의 그 이야기인데 참고 적당히 맞장구치며 진지하게 들어주었더니 기분 좋은 듯 한 시간 여를 이야기 한다. 얼핏 트라우마는 다 녹아난 기색이었다. 경청을 잘 하려면 눈을 맞추고, 귀로만이 아니라 마음으로 듣고 적당한 반주 및 핵심어 곧, 키워드를 집어주어야 한다. 고개만 끄덕이지 말고 때때로 코러스도 적당히 곁들인다면 말하는 이와 공감하는 경청, 곧 탁월한 경청이 되지 않을까.

대부분 정신적인 문제나 트라우마가 있는 사람은 경청만 잘 해주어도 오케이, 대만족이다.

나는 성공했다 싶은 사람을 만나면 항상 그 성공을 이끌어온 강점이 궁금했다. 최근 병천 순대로 유명해진 아우내에는 모교인 병천중학교가 있다. 바로 병천중학교 후배인 지재덕 사장은 타지인 전주에서 불과 10년 만에 무려 연간 1,000여 억원의 매출을 올리는 JDC라는 기업군을 이루었다. 만날 때마다 성공의 핵은 무엇인가를 찾았으나 감을 못 잡다 마침내 뛰어난 경청임을 알았다. 그는 직원의 말은 물론 나같이 뭣 좀 안다고 한없이 지껄여도 참고 진지하게 잘 들어준다. 마치 훌륭한 경청 교사를 만나 실습하는 느낌이었다. 긍정마인드가 가득 찬 모습에선 내가 되레 배워야겠구나를 곱씹기도 무수하다.

아울러 소개한 전주의 선배가 "지사장은 어쩌면 사람을 잘 챙기고 다독거리길 잘 하는 지 놀랍다." 고 만날 때마다 말할 만큼 관계

관리도 뛰어나다. 실제로 이해관계가 없는 단순한 선·후배 사이인데도 명절 때마다 10년간 성의를 보내는 열성을 보고 경청과 함께 관계관리의 황제라는 표현이 전혀 어긋나지 않았음을 확인한다. 그게 바로 성공의 핵이었다.

반면 "시베리아의 바이칼 호수는…" 하고 신나게 말을 꺼내는 찰라 '자다가 봉창 두드린다.'고 "몽골은 말야~" 하며 새치기하는 사람이 있다. 이건 정차해있던 버스가 '아닌 밤중에 홍두깨' 식으로 갑자기 넘어지는 크레인에 얻어맞아 손님도 급사하고 버스도 대파되는 격이다.

귀가 있어도 자기 할 말만 구상하느라 바쁜 완전히 자기중심적 경청이다. "야! 가만히 좀 있어라." "제발 끼어들지 마라." 를 얼마나 해대야 고쳐질지 아득하다. 그야말로 경청은커녕 남의 말을 방해하는 태클 또는 폭력 행사다. 참으로 이런 버릇은 너나 할 것 없이 끊기가 쉽지 않다. 언젠가는 리더십 분야의 대가라는 분도 한참 공자를 이야기하는 중 "노자는 말예요~" 라고 치고 들어와 화들짝 놀란 적도 있으니 말이다.

4. 함께 해주는 마음

한 고교 선배는 바둑을 자주 두어 친한 사이인데도 대학과 투쟁으로 한참 어려울 때 상황을 이야기하면 짜증내며 대놓고 못마땅해 했다. 뒤에 그 분의 지기들을 만나 "무슨 이야기를 하면 혈압을 높이는데 만나기가 싫더군." 하며 전하라 했더니 돌아오는 답이 "내가 동일한 화제를 여러 차례 반복해 말한다." 는 것이었다.

놀랐다. "설령 듣기 싫더라도 친한 사이에 몇 차례 반복하면 어떤가? 오죽하면 자꾸만 이야기 하겠느냐? 싫다고 듣기를 거부하면 손님들을 대상으로 지껄이란 말인가? 도대체 누구한테 풀란 말인가?

진정한 우정이자 긍정마인드를 가진 사람이라면 그야말로 수천 번이라도 참고 들어주면 어디가 덧나는가? 오죽하면 저렇게 자주 지껄일까? 정말 힘든 모양이다." 라도 공감하며 되레 격려나 위로를 아끼지 말아야 되지 않을까. 경제적인 도움을 바라는 것도 아닌 터에 들어주기조차 꺼린다면 남만 못한 거 아니냐? 대개 자기자랑을 하면 눈살을 찌푸리나 '얼마나 마음 놓고 이야기할 데가 없으면 나한테 말할까'를 생각하며 기분 좋게 받아들여야 하잖은가.

우리 할머니를 보라! 어린 손자, 손녀는 유난히 할아버지보다 할머니인 아내를 더 좋아한다. 왜 그럴까? 바로 공감을 잘 해주기 때문이다. 어쩌면 어린 아이들의 감정을 잘 읽는지 감탄할 지경이다.

"그래~애떠? 그래~애~찌?" 라는 말이 어려운 말이 아닌데도 내가 하면 끝없이 울기만 한다. 같은 말을 아내가 하면 아이는 울먹이며 "함머니!" 하고 마음을 푼다. 할머니는 단순하게 듣는 것만 아닌 속 깊이 뭉쳐있는 어린 아이의 감정도 들어준다고 생각하기에 '울음 뚝' 이 성공하는 것이다.

나이 탓인지 영아는 물론 어린 학생들이나 젊은이들의 가슴 속으로 파고들어 슬픈 마음, 뼈저린 아픔, 분한 마음, 씁쓸한 마음, 외로운 마음 등을 함께 느껴주는 게 쉽진 않다. 그래도 "그랬구나!" "얼마나 힘드니?" 라든가 "나라도 땅을 치며 통곡하겠다. 정말 하늘을 원망할 만하다" 라고 공감하면서 "그래도 넌 대단하구나! 그토록 힘든 걸 이제까지 잘 견뎌왔으니 말이다." 이 정도만 해주어도 성공이었다.

교수로 있는 후배도 부인이 뇌암으로 고생을 겪고 있는데 여간 힘든 게 아니란다. "김교수가 엄청난 십자가를 짊어지고 있구만..." 이라고 말했더니 많은 위안이 되는 모양이었다. 이어 "친한 지기이기도 한 전 인천시장, 안상수 의원은 거의 27년간이나 부인의 병간을 위해 몸 바쳤으니 엄청 고생한 것이지요." 에 그는 "나는 이제 겨우 10년인데..." 다소 위로되는 모양이었다.

안상수 의원의 부인은 1983년 결혼 후 1년 만에 뇌졸중의 일종인 모야모야병으로 쓰러졌다 잠깐 일어서기도 했으나 딱하게도 다시 쓰러져 결국엔 반평생을 식물인간으로 누워 지내다 2011년 타계했다.

27년간이라는 세월은 인생의 절반에 가깝게 엄청난 장기간이고 사는 게 사는 것이 아닐 터임에도 안상수 의원은 일상생활은 물론 공직자로서 국회의원 및 지자체 단체장직을 훌륭하게 수행한 거목이다.

앞서 소개한 섀클턴 못지않게 긍정마인드가 충만한 지도자이다. 그동안 모임에서 자주 만났을 때에도 그토록 무거운 십자가의 고통을 겪고 있으리라고는 전혀 몰랐는데 역시 보기 드문 대기라 다른 듯하다.

더욱 놀라운 것은 부인에 대한 사랑의 표시로 함께 살던, 6억원 상당의 집을 아내의 모교인 이화여대에 기부한 미담도 신문을 보고야 알았다. 시골 출신에 가난 때문에 정상적인 학교생활이 곤란해 잦은 휴학으로 남보다 4년이나 늦게 졸업했는데 결혼생활마저 시작하자마자 중단되었으니 그 마음이 얼마나 고통스러웠을까. 그때마다 안 의원은 오뚝이처럼 꼿꼿하게 일어섰으니 긍정이 가득하기에 간단히 소개했다.

1998년 오프라 윈프리는 힐러리 클린턴에 이어 두 번째로 미국에서 가장 존경받는 여성으로 뽑혀 모르는 사람이 없을 정도이다. 그녀는 미시시피의 시골에서 태어나 어린 시절을 엄격한 할머니와 무서운 할아버지 슬하에서 보냈다. 파출부로 일하는 엄마와 함께 살기 위해 밀워키로 이사했지만 가난에서 벗어날 수는 없었다. 아홉 살 때 몇몇 친척들과 주변 사람들에 의한 성폭력에 시달렸으며 14살의 어린 나이에 조산아를 낳기도 했다. 물론 바로 사망했다. 그녀는 남자친구를 즐겁게 해주기 위해 마약도 가까이 하며 엄청난 비만을 경험하기도 했고 불행한 애정관계와 실연을 겪기도 했다.

그야말로 고난의 끊임없는 연속이었고 굴곡진 삶이었지만 그게 강점으로 힘을 발휘했다. 부끄러운 자기의 과거를 진솔하게 털어놓는다는 건 보통 용기와 배짱이 아니다. 아마도 이게 바로 시청자들을 친근하게 끌어당기는 힘이 되었을 듯하다.

가난한 흑인 미혼모의 딸로 태어난 오프라, 열악한 환경에서 자라난 그녀가 오늘날 엄청난 영향력을 갖는 여성이 되리라고 그 누가 상상이나 했을까. 상하수도 시설이 되어있지 않은 화장실을 가기 위해선 집밖으로 나가야만 했던 어릴 때, 어느 누구도 그녀가 미시시피의 공장이나 목화밭에서 일하는 것 외에 다른 일을 하리라곤 상상을 못 했을 터이다. 오프라는 4학년 때 새어머니 및 아버지와 살았는데 13살 때 아버지의 형제인 트렌트로부터 성폭행을 당했으나 아버지는 믿어주지 않았다. 14살 때 돈을 훔쳐 가출해 나이가 많은 아이들과 성관계를 갖는 등 타락한 생활을 하다 밀워키 청소년감호소에 맡겨지기도 했다. 친모가 절망하자 아버지가 데려가게 되었다. 그녀는 아버지와 함께 산 것은 일종의 구원이었다고 술회한다. 새엄마도 거칠고 혹독한 교관, 훈련소에 와 있는 기분이었다. 학교에서 뿐만 아니라 집에서도 책을 읽고 독후감을 써야 했다. 껄끄러웠으나 나중 화해했고 "돌이켜보면 그런 일들이 내게 많은 도움을 주었으리라." 고 긍정적으로 평가하는 오프라는 실로 큰 그릇이다.

오프라가 대중으로부터 사랑받는 이유는 여러 가지가 있을 것이나 가장 중요한 요소는 그녀의 진실에 있다고 한다. 자신의 부끄럽고 어두운 과거를 감추지 않고 진솔하게 이야기할 줄 아는 진실성 말이다.

게다가 대중문화 전달에 탁월한 능력을 지녔다. 오프라의 강점은 무엇일까? 그녀의 가슴 깊은 곳에서는 사람들에게 자신이 무엇을 해낼 수 있는가를 보여주고 싶은 강렬한 소망이 있었다. 그녀는 삶의 밑바닥에서 일어나 기어코 성공의 자리에 올라서는 본보기가 되고야 말리라는 강한 긍정마인드가 있었다. 빈곤이 항상 끈적이는 부끄러운 가정으로부터 탈출해야겠다는 강한 반발이야말로 긍정의 큰 에너지를 공급했다. 불우한 환경에서 성공한 대부분이 그렇듯 어린 시절부터 자신이 가난하고 불쌍한 빈민촌의 소녀라고 생각하지 않았다. 소녀 적부터 자신의 인생을 책임질 사람은 자신뿐이며 자신은 반드시 성공할 것이라고 확신한 긍정마인드가 그녀를 키웠다.

울보 오프라라는 별명이 말하듯 그녀는 공감 능력이 뛰어나다. 눈물 젖은 빵을 먹어본 자만이 알 수 있고 삶의 아픔을 뼈저리게 느껴봤기에 과거의 가슴 아픈 이야기를 할 때면 훌쩍거리기 일쑤이었다. 이게 공감을 높이는 계기가 되었다. 그야말로 금수저에 탄탄대로만 달려온 사람은 남의 아픔을 공감은커녕 헤아리기조차 어렵다.

그녀는 자신도 고통을 겪으며 눈물을 흘렸기에 어려운 사정을 보면 외면하지 못한다. 오프라는 MC로서보다 가슴 아픈 이야기에 못 참은 나머지 공감과 기부를 통해 지고의 인생을 보여준다. 그에 따라서 그녀의 전기를 읽으면 읽을수록 감동하고 나도 눈물을 흘리며 오프라처럼 울보가 된다.

5. 우리가 연인이냐? 눈을 맞추게~

　술을 마실 때 우리는 부끄러운 듯 고개를 푹 숙인 채 "캬~…" 하며 트림 하고 나서야 비로소 상대방의 눈을 본다. 얼핏 술에 독약이라도 들었나. 아니면 대작하는 사람이 어지간히 꼴 보기 싫었던가. 술 먹는 게 무슨 대죄라도 되는 건가. 이해가 어렵다. 서양에서는 서로 눈을 마주하며 잔을 쭈욱 들이킨단다. 주로 외국에서 비즈니스를 한 친구가 하는 말이어서 학생들 보고 좋은 매너라고 해보자 했더니 눈을 마주하다 말고 어색한지 깔깔거린다. "우리가 무슨 연인 사이이냐고". 대체로 고개를 푹 숙이고 '빨리 도망쳐야지' 하는 모습으로 마시는 것 보다 눈을 마주하며 술을 마시는 모습이 정도 넘치고 술맛도 좋다. 그런 탓인지 우리는 고개를 바짝 쳐들고 시아버지 말씀을 듣는 서양며느리를 보고 '당돌한 애' 라고 책망하는 문화 속에서 산다. 푸른 눈의 며느리는 우리나라 말도 서툰 주제에 시아버지 말을 지극 정성으로 경청하고자 말하는 분의 눈과 입을 똑바로 바라보는 것이건만 그게 건방져 보인다고 못 마땅해 한다.

남의 이야기를 정성껏 듣는 경청에는 몇 가지 갖추어야 할 요건이 있다.

첫째, '눈을 맞추라' 이다.

둘째, '핵심어를 확인' 해준다.

셋째. 때로는 동작도 따라함으로써 '확실히 듣고 있습니다' 를 확인시켜주면 말하는 사람이 신난다.

그중 무엇보다 눈을 마주하는 일이 가장 중요하다. 아무리 열심히 듣는다 해도 고개를 푹 숙이거나 옆을 보고 있다면 딴전을 피우는지, 속으로는 이죽거리고 있는지를 도통 알 수가 없다. 푸른 눈의 며느리는 이점에서 최고 수준의 경청을 보여 주는 것이다.

어느 교육감을 방문해 면담하는 중 비서는 메모하고 당사자는 정답게 눈을 마주하며 듣는 것이었다. 함께 간 동료에게 눈을 마주하는 모습이 훌륭하다고 말하니 "눈동자도 굴리면서 나의 말을 정리하는 모습은 일품" 이라고 덧붙이는 게 아닌가. 맞다. 눈도 눈 나름 동공도 최대한 이용해 들으려는 태도이라면 감동 그대로이다. 뿐만 아니라 온몸으로 듣는 태도는 역시 기관장이라 다른가 하고 크게 감탄했다.

우리는 열심히 준비해와 기껏 설명하면 스마트폰을 만지작거리질 않나 손장난을 하지 않나 듣는 태도가 몹시 언짢고 불쾌할 때가 많다. 언젠가는 우리 코치들 모임에서 한 사람이 딴전을 피우는 게 눈에 거슬려 남은 힘들여 말하는데 딴전이냐? 고 일갈했더니 되레 화를 내는 것이었다. 경청이 낮은 사람일수록 실력도 낮다. 당연히 코칭 실력도 낮아 헤어졌다. 대화에서 자기 딴에는 열심히 들었다고 말하는데 시험을 치를 수도 없고 증거가 없잖으냐? 열심히 메모를 하는 모습이라면 최상의 경청이라 여길 만하다.

미국 대통령의 모습을 보면 듣는 태도가 뛰어나다. 일부러 연기하는 양 비록 상대가 아이라도 아이의 눈에서 한시도 눈을 떼지 않고 아이가 팔을 벌리면 자기도 팔을 벌려 흉내를 내는 모습은 경청의 극치이다. 빌 클린턴 대통령을 보면 "꼭 원숭이마냥 따라 하는구면" 이라고 놀랄 만큼 신나게 흉내 내는 모습을 자주 볼 수 있었다. 경청은 귀로만 듣는 것이 아님을 여실히 보여준다.

이 뿐인가? 가령 경청을 이야기한다고 할 때 "어 그래, 경청" "공감적 경청" 이라고 말하면서 주요 키워드를 반복해주면 '확실히 알아들었구면.' 하고 안심할 수 있다. 나는 미국을 처음 방문했을 때 바보같이 그들의 경청 문화를 몰라 망신당한 경험이 있다. 학과장이 누군가와 담소하는 모습이 눈에 띄어 우리 식으로 손을 들어 "하이!" 하고 인사했다. 아무 답이 없어 못 들었나 싶어 다시 "하이!" 했으나 역시 대꾸가 없었다. 어쩔까 망설이다가 삼세 번은 해야 하잖나 하고 또 다시 "하이" 했건만 응답은커녕 막무가내로 더욱 대화에 몰입하는 바람에 민망해 그냥 돌아선 적이 있다.

놀랐다. 기분이 묘했지만 이게 그들의 문화임을 알았고 나중 경청을 배우면서 우리 문화가 크게 잘 못 되었다는 것을 뼈저리게 느꼈다.

그때 그 미국인 교수는 나를 얼마나 형편없는 황동이라고 흥보았을까를 상상하니 몸 둘 바를 모를 지경이었다. 한번은 도서관 여직원에게 질문하며 의논 겸 무슨 이야기를 나누는데 어찌나 친절하고 내 마음속을 거울 보듯 환히 들여다보고 다정하게 말하는지 속으로 '이 여자가 동양인인 나를 좋아하나.' 하고 오인하기도 했다.

누가 말할 때 꼭 메모하는 사람이 있다. 전자공업의 불모지 한국에 전자산업을 처음 소개한 분, 언론에서 전자공학의 제갈량이라 일컫는 미국 컬럼비아대 교수 고 김완희 박사의 이야기가 인상적이다.

김박사는 박정희 대통령을 면담한 소감에서 "키도 작은데다 깡마르고 새까만 사람으로 꽤나 무뚝뚝해 보였는데 두 시간 반 동안 계속된 자기의 설명을 메모도 해가며 듣는 경청에 너무 감동했다." 고 술회하였다. 대학에서 수많은 학생들을 가르쳤지만 박대통령 만큼 집중해 듣는 학생은 아직도 보지를 못했다고 말할 정도로 경청이 뛰어났던 모양이다. 그 후 상당히 호감이 갔다고….

일반 대화에 메모가 꼭 필요한 것은 아니나 메모야말로 단 하나도 놓치지 않겠다는 진지한 모습으로 경청의 최고급 단계가 아닐까.

6. 질문은 사고력 수준을 결정한다

　친구 중에 장애를 극복해 일류로 대성한 허유 화백이 있다.

　어느 날 인사동에 천상병 시인의 부인이 경영하는 찻집 '귀천'에서 함께 차를 들고 있는데 그 친구의 지인이 들어와 "어이 허화백! 당신 신문에 났드만~", "그래" 하는 폼이 그 사실을 모르는 모양이라 "내가 가판대에 달려가 한 부 사올 테니 기다리라이~!" 하며 나갔다. 신문을 사들고 헐레벌떡 들어오는 순간 낯선 두 사람과 화백이 한바탕 육박전이라도 전개할 듯 노려보고 실랑이를 하고 있는 게 아닌가. 얼핏 장관이란 말이 튀어나오는 눈치로 보아 두 사람 중 한 명은 실제로 장관을 지낸 듯했고 다른 한 사람은 국회의원을 지낸 모양인데 화가로부터 모욕깨나 느낀 모양이었다.

　"장관이 어때서 장관, 장관 하느냐?" 고 을러대는 폼이 모멸감 때문에 강편치라도 날릴 태세인데 '이를 어쩌나...' 고심하다 순간적으로 화가에게 달려드는 장관이란 사람의 팔목을 꽉 잡고 레이저광을 쏘듯 눈을 째려보며 "선생! 선생은 조폭이십니까?" 라고 질문을 던지기가 무섭게 냉큼 손을 빼더니 '걸음아 날 살려라' 하면서 부리나케 문밖으로 뛰쳐나가는 것이었다. '상황 끝!' 사태는 질문 한 방으로 순식간에 해결되었다. 질문 한 마디에 다 놓고 냅다 내빼다니.... 참으로 놀라운 일이었다. 한편 재미있기 짝이 없어 둘이서 한참을 웃었으며 두고두고 화제가 되었다. 왜 그랬을까? 그의 지인이란 사람이 그들을 알아보고 "장관님! 장관님!" 하며 굽실대고 굴신하는 모습에 배알이 뒤틀려 "야! 장관, 장관 하지 마라" 고 다그친 게 그만 장관님의 심기를 불편하게 해 몸싸움이 일어나려는 찰라 '승양이 좇으려다 범을 불러 들인다' 고 이젠 조폭으로 둔갑할 뻔했던 것이다.

질문이란 이렇듯 엄청난 폭발력을 지닌다. 고작 "참으십시오! 점잖은 분이 왜 그러십니까?" 라는 정도쯤 말리는 걸로 끝내려 했다면 수습은 힘들었을 것이었다. 보통 누가 너무 억울하다면서 "내 이야기 좀 들어보라" 해도 "야! 세상 다 그렇잖으냐? 세월이 약이다" 라는 말로 얼버무리며 덮으려하기가 예사이다. 그런 만큼 우리는 질문에 익숙하지 않다. 어릴 때부터 질문교육을 받지 않았기 때문이다. 무조건 주입식으로 뇌에 지식을 구겨 넣고 암기만 강요한다. 우리는 "오늘 얼마나 배웠니?" 라고 양적 수치만 따지는데 반해 외국, 특히 유대인들은 아이가 하고 하면 "오늘 질문을 몇 번이나 했니?" 하고 '질문의 정도' 로 공부의 질적 차원을 가늠한다고 한다. 아마도 이 질문의 수준이 노벨상 수상의 척도라도 되는 듯 유대인의 수상자 숫자는 엄청나다. 우리는 노벨평화상 1명뿐인데 2010년 기준 무려 184/804명으로 23%이었다.

미국 대학에서는 교수 채용을 위한 시범강의나 학술발표를 외부인에게도 공개하므로 몇 번 참석해보면 우리와 전혀 다른 광경을 본다.

보통 발표문을 배부하는데 꽤 분량이 많다. 이윽고 시작해 대충 10분쯤 지나면 질문이 걷잡을 수 없이 쏟아진다. 연이어 질문이 오가노라면 발표 시간인 두 세 시간은 금방 지나고 종료하는 경우가 흔하다.

우리는 중간에 도통 질문이 없어 종료 15분 정도를 남겨두고 "질문 없습니까?" 라고 확인해도 잠잠하다. 몇 차례 강조해 물어도 침묵일색일 때가 많아 남은 10분 여가 아까워 강의를 다시 해야 하는가, 그냥 끝내야 하는지 애매하고 난처한 때가 한두 번이 아니다.

질문에도 격이 있다. 좋은 질문은 긍정적이고 열린 질문, 미래지향적이며 탐색적인 질문이 있고, 때로는 의식 전환을 꾀하는 질문, 곧 가정법 질문 등이 있다. 알기 쉽게 '긍열미탐가 질문' 이라고 하면 외우기도 편할 뿐만 아니라 익히기도 쉽다.

[긍]이란 긍정적 질문을 던지라는 요구이다. "너 안 해왔지?" 보다는 "너 해보았니?" 가 훨씬 에너지가 넘친다. 객관식 문제에서 "아닌 것은? 없는 것은? 먼 것은? 틀린 것은?" 과 같은 부정형은 교육을 망치는 길이다. 부정은 사고를 부정으로 흐르게 해 아무 것도 이루거나 될 수가 없다.

[열]은 열린 질문을 말한다. 질문도 질문 나름 청문회에서 흔히 보듯 "모른다" "아니다" 라거나 고개만 절레절레 흔드는 것으로도 충분한 질문은 폐쇄적인 질문으로 저질의 질문이다. 가끔 TV화면을 크게 장식하는 대정부 질문을 보면 "에~ 그렇지요? 맞습니까?" 라든가 "아니지요?" 따위는 하급 중 최하급의 질문이다. 질문 속에 답이 제시되거나 아니면 고개만 끄덕끄덕 좌우로 흔들거나 "예, 아니오." 로 끝내도 충분하니 말이다. 질문이 엉성하니까 '예스와 노' 는 물론 '모릅니다, 아는 바 없습니다' 등과 같은 들으나마나한 답변이 속출하는 것이다.

우문우답이다. 창의적이라 하면 현문우답이 아닌 현문현답이어야 할 것이다. 우문우답을 놓고 호통만 치는 모습은 그야말로 "귀머거리를 야단친다고 잘 들겠는가?" 와 같은 현상일 뿐이다. 위의 질문은 모두 폐쇄형 질문이다. 열린 질문은 반드시 답에 Something이 들어있는 물음이다. 그러려면 무엇, 곧 What으로 시작해도 좋고 반드시 '뇌의 회로' 를 움직이게 만드는 질문을 해야 하는데 약간의 기술이 필요하다.

[미]란 미래형 질문을 하라는 이야기로 구태여 어둡고 힘들었던

과거사를 물어볼 필요가 있는가, 발전 지향적으로 나가려면 미래형으로 질문해야 한다. 수사가 아닌 이상 가령 "그랬지?" 가 아니라 "어떻게 해볼 텐가?" "어찌 하겠는가?" 로 바꾸어야 한다. 유방이 흔히 하는 "어떻게 하면 좋겠는가?" 도 미래형이다. 덕성여고 말썽꾸러기가 "선생님은 왜 그래요?" "응 뭐가?" "제가 궁금하지 않으세요" 라고 왜 왔는지? 어떤 일을 저질렀는지를 아예 묻지 않으니까 볼멘 듯한 질문을 해댄다. "선희야! 미안하지만 난 너의 과거에 관심이 없다. 오직 미래에만 관심이 있음을 알아라!" 했더니 기분이 꽤 좋은지 금방 긍정적으로 변화한다. 상담실이건 경찰서이건 수많은 사람들이 오직 과거 행적만 캐묻는 게 지겨웠던 차, 나는 일체 알려하지도 않고 "이제부터이다" 라고 미래지향적으로 나아가니 학생이 감동하는 눈치이었던 것이다.

다음 [탐]은 탐색형 질문을 말하는데 대체로 열린 질문과 유사하나 구분하면 대안, 해결책, 전술 등에 초점을 맞추는 질문이다. 과학도들이 하는 질문은 거의 탐색형 질문일 터이다.

마지막으로 [가]는 가정법 질문을 말하는데 의식의 전환을 꾀할 때 매우 좋다. 가령 부부간에 "당신은 내가 죽으면 누구랑 살고 싶어요?" 라든가 "너는 죽어 자식들이 비석을 세우려 할 때 어떤 비문이 써지길 바라는가?" 라든가 대장이 답답한데 똑똑한 지휘관이 있을 때 "만일 귀관이 내 입장이라면 어떻게 하겠소?" 는 유방이나 칭기즈칸이 이용하는 질문 유형이다.

7. 혹부리 할머니의 설움

　고향 바로 이웃집에는 오른쪽 목에 사과만한 혹을 달고 있는 혹부리 할머니가 살았다. 청상에 외아들을 의지하고 살아왔는데 결혼 후 아들이 너무 섭섭하게 군다고 늘 불만이었다.

　어느 날 연장을 빌리려 들렸더니 예의 우박만큼이나 굵은 눈물을 뚝뚝 흘리면서 통곡하는 것이었다. 가만히 듣고 보니 '몹쓸 놈의 아들 때문에 살맛이 없다' 는 요지이었다. 허구한 날 우는 모습에 질린 탓으로 속이나 알아 보자 해 "할머니 도대체 무엇이 그리 서러우십니까?" 물었더니 "말도 말라구... 내가 지를 어떻게 키운 자식인데 이 에미를 요렇게 괄시해" 하면서 못 된 자식을 두고 너무 분해 눈물이 펑펑 쏟아진다는 것이었다. "그래요. 그러겠네요" 라고 공감해주니 더욱 서럽게 눈물을 글썽이는 모습은 보기에도 딱했다. 도저히 안 되겠다

싶어 "할머니 몇 마디 여쭤볼까요?" "그래!" 라고 해, "바라시는 수준이 100이라 할 때 꺽쇠는 할머니께 얼마만큼 해드리는 것 같아요?" 라고 물었더니 "말도 마!" 손사래를 치며 말하는 폼이 20정도나 될 듯 말듯 했다. "그렇다면 서운해도 한참 서운하시겠네요."

반색을 하며 "그렇고 말고... 해도 너무 하잖아." "그러는 할머님은 부모님께 얼마만큼 해드렸어요?" 라고 묻자 망설이더니 "아이구 말마라구 나는 부모님께 정말 못 해드렸지." 하면서 눈물을 글썽이신다. 마지못해 '이만큼 해드렸을까' 하고 팔을 벌리는 품새로 대략 40점 정도.... "그랬군요~ 40만큼 해드렸는데 아드님으로부터 받는 것은 고작 반도 채 안 되네요. 억울할 만하네요. 그럼 꺽쇠는 제 자식으로부터 얼마나 받을까요?" 라고 물었더니 정색을 하고 한참 뜸을 들이더니 "요만큼~" "에게게~ 그렇게 쬐끔요?" 라고 반문하니 "이보다 적으면 적었지 절대 많지는 않을 걸" 하는 것이었다.

잠시 숨을 고르고 "결국 내리 사랑이구만요. 누구나 새끼에겐 사랑이 철철 넘치도록 희생하지요, 그 자식은 부모한테 하루살이 몸통만큼 극소로 갚는데 자식이라면 사족을 못 쓰니 결국 내리사랑 아닌가요?" 라고 결론지었더니 눈물을 주루룩 흘리시면서 "그렇구면... 흐흐흐" 라고 답하는 모습이 이해할 만하다는 투였다. 문제 해결, 끝이었다.

질문의 위력은 앞에서도 말하였듯이 위대하다. 한 여성이 직장

상사가 아더메치(아니꼽고 더럽고 메스껍고 치사하다)형이어서 그만 둔다고 호소해왔다. "그래요! 힘들지..." 라고 공감해주며 "그만 두면 무얼 할 건데?" "다른 직장을 알아봐야죠." 라고 말하기에 "거기에는 아더메치형이 한 명도 없을 거라." 라고 혼잣말처럼 중얼대니 "왜 없어요... 어딜 가나 그런 인간은 반드시 있지요." "그럼 성공하려면 그런 친구를 어찌하면 좋은가?" 라고 물으니 한참 뜸을 들이더니 "결국 성공하려면 아더메치를 극복해야 된다는 말씀 같이 들리네요." 속으로 누구 말마따나 '네가 바로 말하고 있다' 는 생각에 'P가 고맙지...' 라고 중얼거리자 "교수님은 P가 인간관계트레이너라는 말씀인가요?" 라고 반문하는데 이미 결론은 나왔고 해결되었다.

한 여교사가 불량 학생이 과제물을 안 해와 괘씸했는데 시간내내 엎드려 있어서 한 마디 가볍게 던졌더니 느닷없이 "씨ㅍ" 하고 육두문자를 써가며 뛰쳐나가는 통에 치밀어 오르는 분노를 감당할 길이 없었다. "그런 경우 어찌하면 좋으냐?" 고 묻는다. 조심스럽게 "그럴 만하겠네요." 라고 공감해주며 나라면 오히려 "야~ 인애야! 너 요즘 힘든일 있니?"라고 끌어안으며 감정을 다독이겠다 하니 "그래요" 하며 헤어졌는데, 나중 여학생 10명을 그룹코칭하게 되었을 때 그 인애도 참여하는 것이 아닌가? 그러나보다 하고 내 식으로 진행한 후 받은 포스티잇을 보니 "교수님 넘 좋았어요, 공부를 열심히 해 성신여대에 꼭 진학할 작정입니다." 라고 써와 문득 착한 아이라는 느낌이 들며 꽤 놀란 적이 있다.

한 엄마는 12살배기 딸이 있는데 질문이 많아 성가시다고 하소연이다. 자기는 괜찮은데 남들한테도 그럴까봐 걱정이니 어찌하면 좋은지 알려달라는 것이다. 이에 "엄마! 똘똘한 아이가 질문이 많을까요? 우둔한 아이가 질문이 많을까요?" 라는 질문답지 않은 한 마디로 해결되었고 자기 아이가 수재임을 확인한 듯 뛸 듯이 좋아하는 것이었다.

비슷한 예로 교수가 "질문 없나?" 하면서 일껏 설명하고 나면 같은 질문을 하거나 이메일로 질문하는 녀석이 있는데 "어찌 하면 좋으냐?" 고 묻는 것이었다. '어떻게 해야 좋을까?' 에 약간 엉뚱한 듯하지만 "정군! 자네는 나하고 잘 사귀고 싶은가?" 라고 물어보라 했다. 이어 "너는 똑똑해 내 설명을 잘 알아들은 듣는데도 메일로 질문을 하는 걸 보면 나의 관심을 끌고 싶어 그러는 게 아닌가?" 라고 덧붙이라고 말해주었더니 맘에 든다는 답이었다. 요컨대 질문의 힘은 응답이다. 아니 질문은 곧 생각의 일깨움이다.

8. 다르다와 틀리다

나무를 보면 큰 나무와 작은 나무(관목)이 있고 용도에 따라 과일나무, 꽃나무, 목재용, 화목 또는 땔감용 등 가지가지이다. 어느 하나가 더 우월하다 또는 못나다가 없다. 개성이 있고 특색이 있으며 종류에 따라서는 귀한 희귀목에서부터 흔한 펄프용, 가정용, 관상목 등 다양하다. 사람도 마찬가지가 아닌가 싶다. 우리네 황인종, 백인종, 흑인종 등이 있는가 하면 황인종만 해도 태국인 중국인 일본인 한국인 등 등 다 다르다. 하물며 성격이라든가 취향 또는 가치관을 보노라면 그야말로 천차만별이다. 은하수의 별처럼 다양하다 할까.

그런데도 자기와 성격이 다르고 취미나 기호가 다르다 해 잘 못된양 '틀리다' 라고 단정하는 우를 범한다. 특히 다름과 틀림을 혼동해 큰 실수를 저지른다. 의례 '나는 맞고 너는 틀렸다.' 이다.

예컨대 보수가 아니면 무조건 종북좌파나 빨갱이요, 우익은 보수꼴통으로 몰아세우고 다른 의견은 숫제 틀린 의견으로 매도한다. 심하게는 인격적인 모욕도 서슴지 않는다. 광화문의 촛불과 대한문의 태극기가 서로 다를 뿐인데 틀린 친구들 나아가 좌좀(좌파좀비), 틀딱(틀니딱딱)이라고 서로 삿대질하며 욕한다.

백범도 "들에 꽃이 하나만 피느냐?" 면서 서로의 차이를 인정해야 한다고 강조하였다. 주역에선 서로 다름을 상당히 강조한다. 비슷한 팔자라 해도 출생 시 산모가 서있었느냐, 어떻게 누워있었느냐 등에 따라 다르다고 구분하려 한다. 사주는 한날한시에 출생해도 성격이나 삶이 다르다고 한다. 하물며 기후가 다르고 지역이 다르니 자연 사람도 그에 따라 다르고 문화도 다를 것임은 두 말해야 잔소리다.

어느 것이 나쁘거나 잘못된 게 아니다. 피부색으로 사람을 구분하는 건 워낙 외모가 다르니 편하겠지만 같은 황인종인 한국인끼리의 구분은 어떻게 하는 게 좋을까. 흔히 혈액형을 따지는데 그걸로 충분할까?

행동을 결정짓는 인자는 무엇일까, 바로 성격이다. 사람에 따라 성격유형은 다양한데 크게 4대 그룹으로 나눠 1) 외향적인 성격에 속하는 주도형(D)과 사교형(I), 2) 내향적인 성격에 속하는 안정형(S)과 신중형(C)으로 나누면 알기 쉽다. 이를 DISC유형이라 일컫는데 주도형은 군인 기질처럼 "야! 이리와. 나만 따라오란 말야." 와 같이 앞장 서 일을 주도적으로 이끌어나가길 좋아하는 유형이다.

사교형은 개그맨을 떠올리면 쉽게 이해되는 유형으로 사람을 좋아하고 사람과의 관계나 어울리는 것을 좋아한다.

셋째 안정형은 "그래! 알았어." 라고 답하고도 나오는 건지 들어가는 건지 느긋한 유형으로 흔히 엉덩이가 무거운 성격을 지녔다.

마지막 신중형은 치밀하고 꼼꼼한 성격유형으로 흔히 데이터나 자료를 중시한다. 자칫 농담도 우스갯소리도 통하지 않을 만큼 대하기 어려운 타입이 신중형일 듯... 돌다리도 두드리고 건너는 유형이지만 전형적 신중형은 돌다리를 두드리고도 안 건너간다. 역대 대통령 중 최규하 대통령이야말로 돌다리를 두드리고 남만 건너가게 했다는데 전형적 신중형일 듯하다. 그만큼 의사결정이 느리다. 결정에 시간깨나 걸린다.

성격유형을 잘 알면 관계에 매우 편리하다. 보통 "저 아이는 뭐 저러냐? 답답하기 짝이 없다." 라고 할 때 그 친구가 뭘 잘 못 하거나 나쁜 게 아니다. 원래 그 유형은 신중하다 못해 섣부른 결정은 도통 안 하니까 주도형이 볼 때는 '사람 미치고 환장' 하게 만든다. 주도형은 사람보다 과업 중심적인 유형이라 알아보기 쉽다. 대체로 추진력이 강하고 일을 잘 벌린다. 사교형은 관계 중심적이고 재미있는데 일은 좀 엉성한 편이다, 매사 덜렁덜렁 적당히도 많다. 안정형은 앞인지 뒤인지 도무지 분간이 안 간다는 식의 유형이지만 사람을 편하게 한다. 귀찮게 굴거나 못되게 굴거나 해코지하는 일이 드문 스타일이다. 단지 진취적이지 않을 뿐.... 마지막 신중형은 과학자, 특히 의사나 연구원에게 적합한 유형인데 의외로 기업인 중에는 신중형도 꽤 많다. 고 이병철 회장도 신중형으로 알려져 있다. 신중형은 간단히 고스톱을 칠 때 "꼭 정xx 차례만 되면 어지간히 꾸물거려... 신경질나 미쳐요, 미쳐!" 라는 유형이다.

성격유형은 무나 두부 자르듯 4대 유형이 확연히 구분되지 않는 경우도 꽤 있다. 물론 두드러지게 "저 친구는 전형적인 주도형이야, 철저한 신중형이지" 라든가 "그 친구는 정말 웃겨. 연예인이 되어야 맞는데 잘 못 풀렸지" 라 할 만큼 뚜렷한 사교형도 있지만 나처럼 사교형에 주도형이 가미된 혼합형도 많다.

왜 사람들의 다름을 강조하는가? 강조되어야 한다. 그 이유는 다름을 착각해 많은 갈등과 분쟁이 발생하기 때문이다. 대체로 나와 다르면 적대시 또는 사갈시(뱀눈으로 보는 비뚤어진 시선)하거나 숫제 백안시하기도 한다. 인간은 어쩔 수 없이 사람들과 부딪쳐야 하고 싫던 좋던 다양한 군상과 어울리며 살아간다. 숙명적으로 사람과의 관계 속에 일을 성취하고 오감과 행복을 느끼며 살아가는 존재이다.

다름을 인정하는 건 존중한다는 의미다. 사람들은 자기를 존중하지 않을 때, 불만이 쌓인다. 흔히 다루기 어려운 비뚤어진 데가 있다는 바탕엔 다름을 인정하지 않는데서 생긴다.

다름만 인정한다면 부부싸움, 상사와 부하의 갈등, 친구 간 불편함 등을 모두 해소할 수 있다. 가령 주도형이나 신중형에게 섣불리 농담을 던지면 분위기가 험악할 수 있으며 안정형보고 굼뜨다고 닦달해봐야 불가능에 가까울 터임을 사전에 감안하면 편하다. 특히 아이들은 어른이 툭하면 던지는 "저 아이는 왜 그래~" 와 같이 다름을 무시할 때가 가장 저항적이 되니 조심스럽다.

하버드대에서는 학생들의 협업능력을 키우기 위해 노력한다. 이 대학의 영문과 유학생 이혜령씨는 "대부분의 과제를 팀워크로 해결하는 경우가 많다." 며 "'백짓장도 맞들면 낫다.' 는 속담처럼 혼자 아무리 잘 해도 여럿을 뛰어넘을 수는 없다." 또한 "서로의 다름과 차이를 인정하는 법을 배우는 게 하버드 교육철학의 핵심" 이라고 말했다.

실제로 하버드의 모든 신입생은 오리엔테이션 때, '남의 의견을 듣는 법' 이란 과목을 필수로 들어야 한다. 이 대학 박재현(경제학과)씨는 "학교에 입학하면 제일 먼저 국적·인종·언어 및 피부색은 달라도 서로 존중해야 한다는 것을 배운다." 고 말하고 "토론은 말싸움으로 상대를 제압하는 게 아니라 타인의 주장을 내 것으로 만들어 합의점을 찾는 것이란 점도 깨닫게 된다." 고 말했다.

오늘의 인재상은 협업능력이라고 한다. 협업은 4차 산업혁명 시대의 미래 인류가 갖춰야 할 필수 자질로 자리매김하는 추세다. 그러기에 하버드에서 SAT 만점을 맞고도 떨어지는 이유도 여기에 있다.

세계 최고의 기업이라는 구글은 협업능력을 가장 중요시한다. 구글 본사에서 일하는 한국인 이준영 구글서치팀 검색엔지니어는 "구글에서는 아무리 똑똑해도 팀워크에 문제가 있을 것 같으면 아예 채용이 안 된다." 고 말했다. 그는 2014년 2월 뉴욕타임스와의 인터뷰에서 '지적 겸손' 등 구글이 중시하는 5가지 인재상을 제시했다.

단순히 머리가 좋거나 스펙이 뛰어난 사람보다 책임감 있고 문제 해결을 위해 적극적으로 노력하면서 다른 사람의 아이디어를 존중할 줄 아는 사람이야말로 구글이 원하는 인재라고.... 왜냐하면 성격유형을 알면 다른 사람을 존중하거나 배려함이 향상되기 때문이다.

9. 삐쳤어요

　얼마 전 일본사람과 한국 사람을 비교한 민족성의 차이론이 카톡에 떠올라 매우 흥미로웠다. 섬나라와 반도라는 지리적 차이 때문인지 여러 가지 관점에서 상이한 민족성을 드러냈다.

　제1호 "한국인은 아무리 오래 사귀었어도 사소한 일로 삐치고 갈라서는데 반해 일본인은 오래 사귄 사람과는 여간해 삐치거나 등을 돌리지 않는다." 는 조항을 읽고 면도날로 베인 듯 가슴이 따끔하게 아팠다. 특히 일본인은 의리를 매우 중시하며 관계에서는 의리를 꼭 지키려 한다는 대목이 마음에 쏙 들었다.

　그 말에 불현듯 과거 고향 어른들이 툭하면 '의났다' 하고 심지어는 부모 제사에도 빠지며 불편한 관계를 지속하는 무수한 모습들이 떠올랐다. 요즘은 삐치면 숫제 의절 곧 단절이다. 삐친다는 말은 속된 표현인지 모르나 '토라진다' 가 좋을지 모르겠다. 나는 '일관성' 이란 말을 가장 좋아하는데 인간관계에서는 일관성이 진수, 곧 뇌관과 같다고 본다. 일관성이란 변덕과는 상극의 말이다. 감정이 왔다 갔다 걷잡을 수 없는 성격, 그야말로 변화무쌍한 사람들과는 무슨 일을 못한다. 내가 [해]하면 [달]할 터이고 [왼쪽] 가자는데 내내 잘 따라오다 갑자기 [오른쪽]으로 가면 도무지 종잡을 수가 없다.

솔직히 자디잔 허물로는 절대 안 갈라선다는 일본인의 민족성은 분명히 존경받을 만하다. 수십 년 사귄 관계라면 끝까지 의견을 들어보고 결론내도 충분하다. 다 듣고 나서도 부족하다면 "무슨 사연이 있어서 그런 이야기를 하느냐." 고 물어 보면 풀린다.

더구나 직설법이 아닌 한, 말이나 행동에는 '이면의 이면' 이 있듯 저 깊은 심연의 숨은 뜻을 감지하여 하는데 어찌 단 몇 마디로 가능한가. 이는 차 타고 잠깐 스친 찰나적 인상만으로 "그 애 못 쓰겠드만" 하며 "파혼하라" 고 소리치는 행태나 다를 바 없다.

나는 인터넷에도 꽤 떠오르듯 교수 대표로 학교 재단과 투쟁깨나 하다 파면을 두 차례나 당했다. 그 때 징계한 재단 이사장보다 부화뇌동한 친재단 교수들이 더 미웠다. 아닌 말로 갈아먹고 싶고 총이 있으면 수십 발 난사하고 싶으리만큼 분노와 울화는 이루 말할 길 없었다.

항의한다고 교육부 앞과 대학 정문에서 버틴 1인 시위만도 무려 398일간이었다. 겨울 영하 20도가 넘는 혹한의 날씨에도 예외 없이 시위를 했더니 여교수 몇 분은 "날씨가 너무 추우니 뜨거운 국물이라도 먹여야 한다." 며 매일 기다렸다가 식당으로 끌고 가는 바람에 몸도 풀리고 고생을 잊은 날도 많았다. 지인지기마다 TV를 보고 소식을 들어선지 만날 때면 "영하 20도에도 쉬지 않고 정문에 서있는 정교수가 너무 안쓰러웠다." 고 말하곤 했다.

경제적 손해라든가 정신적인 상처는 제쳐놓더라도 정해진 코스인 듯 흔한 화병이 생겼다. 우선 위장이 말이 아니었고 다른 기관들도 다 망가진 것 같았다. 게다가 뇌의 회로도 왜곡됐는지 툭 하면 학교 이야기에 언성을 높여 떠들곤 하니까 외면하는 지인들도 꽤 생겨났다.

본래 충청도 느림보이었는데 "거 성미도 어지간히 급하구만" 이랄 만큼 성격까지 변해버렸다. 이래선 조울증에 걸리거나 곧 바로 쓰러지겠다고 생각돼 부산 최봉호 신부가 주재하는 '희망의 기도' 에 참여했다. 치유법은 간단히 "하느님 저의 상처를 치유해주십시오!" 라고 기도하는 것뿐이다. 누구를 원망하거나 원한을 갚아달라는 게 아니었다. 매일 200번씩 기도를 했는데 대충 3~40분 이상 걸린다. 마음을 가라앉힐 겸 하루도 빠짐없이 300일가량 기도에 매달렸더니 '죽일 놈들' 이라든가 버럭 울화가 치밀어 헛소리하던 버릇은 슬그머니 사라졌다.

그 후 영화 빠삐용이라든가 27년 간 외딴 섬 루벤스에 갇혔던 만델라 이야기 그리고 20년간이나 감옥에서 고생한 신영복 교수의 '감옥으로부터의 사색' 을 몇 번씩 읽으면서 '나는 아무 것도 아니구나.' 를 확인했고 조금씩 다스려 나갔다. 신영복 교수는 우리 인생의 1/3인 무려 20년 20일을 복역하다 88년 특별가석방으로 출소했다. 불의의 권력으로 인해 온갖 고초를 겪으면서도 사람에 대한 믿음, 새날에 대한 희망을 놓지 않았다.

한편, 옛날 못 마땅한 사람들과 갈등을 겪을 때 일도 상기했다. 고 송인재 학장이 젊다고 억울하게 누명을 씌우는 바람에 갑자기 울컥 화가 치민 나머지 별안간 책상을 부서져라 내치며 "젊은 교수라고 이토록 누명을 씌우고 닦달해도 되는 것입니까? 저는 대학을 그만두는 한이 있더라도 도저히 묵과할 수 없습니다." 라고 대들었더니 어이가 없었던 모양... 알아본 듯 그간의 상황이 드러나 나의 무죄도 확인되었다. 그때부터 그 분은 줄곧 나를 피해 다니곤 했었다. 한 달 여가 지난 어느 날 복도에서 만났을 때 '안 되겠다' 싶어 "언제 식사나 함께 하시지요" 하고 권유해 화해했다. 그때 피해자인 내 마음이 그렇게 홀가분하고 편할 수 없었다. 또한 송 교수님이 "정교수는 도량이 넓다" 고 다른 교수에게 건넸다는 긍정의 인정하는 말이 엄청난 에너지를 동반하며 몸을 뜨겁게 했다.

이에 '밴댕이 콧구멍' 만한 소인배로부터 도량이 바다같이 넓은 사람으로 탈바꿈하겠다고 단단히 다짐하기도 했다. '비온 후 땅 굳는다.' 는 말이 있듯이 송교수와는 절친한 사이로 발전했으며 나중

학장선거 때에도 그 분의 적극적인 도움으로 가볍게 당선되었다.

놀라운 건 학내 사태 시 대학 측에 빌붙어 가장 극렬하게 나를 죽여야 한다(파면징계)고 악다구니를 쓰던 A교수를 우연히 엘리베이터 안에서 조우했을 때 일이었다. 그가 "전에는 참으로 미안했다"고 말했을 때 예전 같았으면 "너 잘 만났다! 이 XX 나를 징계해...." 라고 악쓰며 빰따귀라도 한 대 올려 부침과 동시에 '너 죽고 나 살자'고 멱살잡이를 했을 텐데 감정의 동요가 전혀 일어나지 않았다. 그저 무덤덤하게 "다 지나간 일, 나는 도대체 무슨 소리인지 모르겠네~ 앞으로 잘 지내게"라는 성인 같은 말이 튀어나온 건 아마도 치유해달라는 기도를 받아들인 신의 도움이 아니었나 싶었다.

치유의 기도가 이처럼 놀라운 효과를 보리라곤 전혀 상상을 못 했다. 참으로 놀랐다. 이를 계기로 사과한다고 유기농 사과를 택배로 부치는 분이 있었고, 사과는 요원의 불길처럼 전교적으로 확산돼 멍울진 모든 교수와 응어리를 풀고 편하게 지낼 수 있었다. 실로 기적 같은 체험이었다. 결코 내가 너그러운 사람이 아닌데....

섭섭한 일, 원한관계가 있을 때 사과를 받기보다 상대자로부터 무엇인가를 얻음으로써 푸는 건 '조폭을 순한 양으로 변화시키는 일' 만큼이나 어렵다. '용서한다'의 영어는 forgive로 주라는 의미이다. '주는 게 잊기(forget) 보다 쉽다'는 말이다.

아인슈타인도 "약한 사람은 복수하고 강한 사람은 용서하며 현명한 사람은 무시한다." 고 한 말을 음미할 필요가 있다.

"자비를 베풀면 적이 없다(자비부적)" 고 말하는 손영길 전 수방사 참모장은 전두환, 노태우와 동기이고 초급장교 때 우정과 의리를 나누며 둘도 없는 친구가 되었다. 유신 때 '나는 새도 떨어뜨린다' 라 할 만큼 날개를 달고 잘 나가던 그는 1973년 쿠데타 모의 혐의로 낙마한 비운의 장군이 되었다. 그 배경에 전두환이 있다는 것이다.

"43년 전, 날 모함한 전두환, 이젠 마음으로나 그들을 용서해주려 한다" 면서 그대가로 받은 5억원을 육사에 기탁했다는 훈훈한 소식에 나는 놀랐다. 박정희 대통령을 몰아내고 이후락 정보부장을 권좌에 앉히려는 쿠데타 음모죄로 악명 높은 보안사 서빙고 분실에서 3주간 악몽 같은 모진 고문을 당했고 징역 12년형을 선고받아 복역했던 손 장군, 별을 단지 꼭 100일 만에 낙마했으니 그 한이 어땠을까? 차마 필설로 형언할 수 없는 고통이었으리라. 그럼에도 불구하고 사건 발생 42년 만에 무죄 판결을 받았고 그의 '인생과 맞바꾼 돈' 배상금 5억원을 흔쾌히 육사에 기탁하며 용서를 외쳤다.

실로 용서로 얻으려는 For+get이 아니라 되레 주는 For+give의 멋진 모습을 보여주었다.

10. 감나무와 사과나무를 잘 키우자

청소년 시절에는 '왜 나만 요 모양 요 꼴' 로 비틀고 꼬아 아무 것도 되는 것 없이 고통만 주느냐고 하늘에 대한 원망이나 불만이 가득 찼다. 그러다 군에서 열악한 가정 출신의 무수한 병사들을 보고 나는 그래도 선택 받은 사람이구나를 깨우치면서 조금씩 변해갔다.

더구나 시골의 초등 졸로 농사일만 돕는 형제들과 친구들을 보곤 '그게 아니구나' 를 깊이 인식하게 되었다. 사실 60년대 보릿고개가 해마다 괴롭히고 미국의 밀가루 원조로 끼니를 이어가는 시절엔 대학, 그것도 서울의 대학에 입학한 사실만으로도 호강이 넘치는 신세로 부러움을 받을 때이었다.

지인 한 분은 시골집 정원에 감나무와 사과나무를 정성스레 가꾸면서 감사하는 마음을 기른다는데 나도 그랬더라면 더 빨리 변화

되었을까. 일시적으로 힘들다 해 주저앉거나 신에게 울부짖을 일이 아닌 듯했다. 하늘을 원망하며 덤빈다 해 단 한 가지도 나아지거나 풀리는 일이 없었다. 그런데도 강한 긍정마인드로 마침내 괜찮고 안정된 직업을 갖고 정년을 무사히 맞이하였다. 이젠 매월 꼬박꼬박 나오는 연금으로 노후생활에도 걱정 없으니 참으로 얄궂다 하나 어리석었다 할까. 그러자 나도 모르게 '고마워 해야겠구나'를 깨달으며 마음도 조금씩 바뀌어 갔던 것이다. 이제는 매일 매일 삶에 감사한다.

나이도 제법 든 지금은 많은 것에 감사하지만 첫째, 정상적인 부모님을 만난 일, 둘째, 정상적인 신체로 태어난 일에 감사한다. 친구 중엔 학창시절 두뇌가 우수함에도 불구하고 낭떠리지로 떨어진 예가 꽤 있다. 겉보기엔 부유하고 살 만해 보이는데 정신이 산만하다든가 우울증 비슷한 고통을 겪고 있어 사회생활을 제대로 못하다 마침내 비명에 가든가 평생을 방황하다 생을 마감한 친구도 많다.

그 배경을 보면 결손 가정의 콤플렉스를 못 견딘 탓이다. 난 부모가 가난하다고 어지간히 투덜댔지만 결손가정에 비하면 얼마나 행복한지를 커서야 깨달았다. 흔히 내 상을 보고 '부모 덕이 없는 상'이라지만 결손가정의 친구들에 비춰 원만한 가정에서 자랐으니 복 받은 인생이었다. 게다가 태어날 때부터 사지가 몽땅 없는 일본의 오토다케나 닉부이치치를 보곤 정말 사지가 멀쩡한 것은 얼마나 복 받은 인생인가를 나중에 뼈저리게 깨달았다.

나중엔 사기를 당해 경제적으로 피해를 입었을 때에도 감사했다. 이유는 간단하다. 사기당할 만큼 뭐라도 있으니까 당하는 게 아닌가.

약을 먹고 죽으려 해도 약을 살 돈조차 없는 친구가 사기를 당하겠는가? 면밀히 분석해보니 비록 시골에서 올라왔지만 고향에는 나보다 살 만한 집안 출신이 꽤 있음에도 나만 중학교 이상을 다녔다는 사실만으로 엄청난 선택이요, 대단한 특혜가 아니었던가. 그 뿐이랴. 함께 뛰놀던 코흘리개 친구들은 다 타계했는데 나만 살아 있다는 건 보통 고마운 은혜가 아니다.

노벨상을 받은 '스트레스의 대가' 한스셀리가 하바드대에서 고별 강연을 끝낸 후 학생이 "스트레스를 해소할 수 있는 비결을 딱 한마디만 요청하자" 답은 "APPRECIATION" 이었다. 바로 감사이다. 감사하는 데 재력이나 체력 또는 사회관계망이 필요한 건 아니잖은가. 그런데도 쉽지 않다. 왜 못할까. 더 많이 이루려는 욕심, 잔을 100% 가득 채우려는 욕심 때문이다. 고 최인호 작가가 '상도'에서 이야기한 계영배는 잔을 70% 이상 채우면 넘쳐나 다 사라져버린다. 인생도 마찬가지가 아닐까 싶다.

언제부터인가 감사하는 마음으로 지내면서 일도 술술 풀리는 느낌이었지만 다 제쳐놓고 마음이 편해졌다. 마음이 편해지니 평화가

오는 듯했고 덜 피곤했다. 행동도 안정되고 그에 따라 실수나 주책도 덜해졌다. 자연적으로 매사가 긍정적인 방향으로 선순환하는 느낌을 받았다. 잃는 건 '감사하는 마음을 갖자는 다짐' 뿐인데 부수입은 엄청나게 많았다. 아닌 말로 도파민이 펑펑 쏟아지는 듯했다.

감사하는 대상은 하느님만 아니라 아내, 딸, 아들, 사위, 며느리 그리고 손주들, 친구들 외 만나는 사람 모두이다. 그러자 "고맙습니다" "감사해요"가 입에 늘 붙어 있게 되었다. 베풀면 고마운 마음이 절로 일어난다. "당연히 받을 걸 받았는데 어지간히 요란 떠네." 라고 비아냥대는 측도 있지만 대부분 베풂을 받으면 감동한다.

재미있는 일화가 있다. 미국의 가난한 시골학교에서 피아노를 놓고 싶어 부자인 포드회장에게 손을 벌렸다. 그는 얄궂게도 단돈 100달러만 주더란다. 하지만 학교 측은 이 돈을 종자돈 삼아 땅콩을 심어 그 수확물을 몇 년간 모았더니 드디어 피아노 한 대 값이 되더란다. 바로 포드회장에게 감사의 편지를 썼다. 그러자 포드회장은 거금 10,000달러를 보내며 "앞으로 어려운 일이 있으면 언제든지 연락하라! 무엇이든 돕겠다." 고 전해왔다. 그는 흔히 금액이 적으면 적다고 투덜대거나 모르는 척하기가 일쑤인데 적은 기부에도 감사하는 마음이 너무 갸륵했다는 것이다

감사를 외면하면 어떨까. 외면한대서야 큰 사단이 일어날까마는 감사한 마음으로 살다보면 '실보다 득'이 훨씬 많았다. 어찌 나만 건강하고 재미있게 살아가느냐? 옛날엔 사람 취급도 못 받던 내가 아니더냐? 그런데 지금은 좋아하는 사람도 꽤 생겨났다. 우선 카톡으로 연락 오는 사람만도 엄청나다. 밴드나 페북을 비롯, SNS에 생일이 되면 축하한다는 메시지가 무수히 뜬다. 그 분들은 모두 나를 기억해주는 사람들, 나를 생각해주는 사람들이고 나아가 나를 사랑하는 사람들이 아닌가? 참으로 나의 삶을 행복하게 만드는 고마운 사람들이다. 감사란 상하가 구분되거나 빈부의 기준 또는 받은 복이나 은혜의 크기로 좌우되는 게 아니었다.

미국의 소설가 텔마 톰슨(Thelma Thomson)은 작가이자 전 군인인 남편을 따라 캘리포니아 모하비사막 훈련소로 가게 되었다. 각오는 했지만 가보니 섭씨 45도의 지독한 더위, 모래바람에 빵에도 모래알이 씹히고, 집주변에는 뱀과 도마뱀이 돌아다녀 심한 우울증에 걸렸다. "더 이상 못견디겠어요. 차라리 감옥에 가는 게 나아요. 정말 지옥이예요"라는 편지에 아버지의 답장에는 "감옥 문창살 사이로 밖을 내다보는 두 죄수가 있다. 하나는 하늘의 별을 보고 하나는 흙탕길을 본다"라고 적혀 있었다. 단 두 줄이 그만 그녀의 인생을 바꾸어놓았다. 기피했던 인디언들과 친구가 돼 공예품 만드는 기술과 멍석짜기를 배웠고, 사막의 식물들 선인장, 유카식물, 여호수아 나무 등을 자세히 관찰해보니 너무나 매혹적이었다. 빨갛게 저무는 사막의 저녁노을에도 신비한 아름다움이 숨겨져 있었다. 이 새로운 세계를 발견한 기쁨을 책으로 펴냈다. 소설가로 변신한 것이었다. 그녀에게 사막은 지옥이 아니라 온갖 경이로움과 평화가 가득한 천국이었다.

11. 절망을 도약의 발판으로

 헤드 레어 와그너의 《열등감을 희망으로 바꾼 오바마 이야기》(역자, 유수경)를 재미있게 읽었다. 흑백 혼혈의 아이가 백인 외조부모와 살면서 검은 피부의 아버지를 그리는 것은 단일 민족인 우리네 문화나 감정으로는 이해가 힘든 일이다. 더구나 백인 외할머니가 버스를 기다리는데 낯선 흑인 남자가 돈을 요구한다는 말을 듣고 자기와 같은 피부의 사람은 공포의 대상이라는 사실에 두려운 나머지 정체성의 혼돈을 느낀다. 그 혼란과 고민은 한참 감수성이 예민한 사춘기 소년이 감당하기에는 너무나 벅찼다. 적당한 답을 찾지 못한 그는 친구들과 어울려 담배와 마리화나를 피우며 잠시나마 탈출하려 했다.

 함께 어울렸던 친구 레이는 마약범죄자가 되어 교도소를 전전하는데 오바마는 어머니의 도움에 힘입어 험난한 세상을 헤쳐 나가고자 스스로 판단을 믿고 자신이 원하는 것을 얻기 위하여 싸워나가기로 결심한다. 또한 농구를 통해 혼란과 고뇌를 정리하곤 했다.

조셉 T 핼리넌이 지은 《긍정의 발견》에는 절망을 뛰어넘어 극적으로 성공한 이야기가 있어 놀랍다. 그 하나로 찰리 벨잔이라는 사람은 애리조나주 출신 28세 골프선수로 큰 대회에서 우승한 적이 없고 TV광고에도 등장한 적이 없는 무명에 가까운 골퍼이다. 세계 랭킹은 165위인데 밥이나 얻어먹고 살 수 있을까 걱정인 수준이다. 그런데 2012년 11월 '역대 골프 경기 중 가장 놀라운 4라운드'를 치렀다. 플로리다 주 레이크뷰 나비스타에서 열린 미국 마지막 시즌대회인 칠드런스 네트워크 호스피털스 클래식(Children's Miracle Network Hospitals Classic)에서의 일이었다. 벨잔은 결혼으로 부양해야 할 가족이 생겼고, 첫아이를 출산한 입장이어서 반드시 승리해야 선수 경력을 지킬 수 있다는 절박함이 엄청났다. 139위로 출전했는데 125위 안에 들어야 다음 출전 자격도 유지될 판이었다. 평소 괜찮은 실력을 발휘했더라도 최소한 가족을 위해 반드시 우승을 해야 한다는 심리적 압박으로 십중팔구 가다가 주저앉거나 도리어 경기를 엉망으로 망치기 마련이었다. 아니나 다를까 첫 번째 라운드는 괜찮게 치렀으나 둘째 라운드에서 팔이 마비, 심장도 빠르게 작동하고, 숨쉬기 곤란한 증세가 왔다. 응급진이 달려와 도와주었는데 혈압이 좋지 않다고 진단했다.

그럼에도 이를 악물고 경기를 계속해 버디 6개와 이글을 두 개나 했다. 축구라면 김영권 선수가 월드컵에서 연달아 두 골이나 넣는 격이다. 야구 같으면 안타를 6개, 홈런을 두 번이나 때린 바나 같이 엄청난 성적이었다. 경기 도우미인 그의 캐디는 1971년부터 일해 왔지만 "이런 기적적인 경기는 본적이 없다."고 말했다. 이윽고 기쁨도 잠시 그는 타격으로 쓰러졌고 병원에서 잠깐 시간을 보냈다. 큰 이상은 없었으나 뼈가 으스러지는 아픔을 견디고 울면서 강철과 같은 의지와 인내력으로 경기를 기어코 끝마쳤다. 대회 마지막 날에도 컨디션은 나빴으나 역시 견뎌낸 결과 놀랍게도 우승을 차지했고 그것도 크게 이겼던 것이다. 상금 순위는 63위로 껑충 뛰었으며 상금 84만 6,000달러를 받았다.

강한 정신력은 절망을 극복하고 강력한 존재로 살아남을 수 있음을 보여주는 극명한 예이다. 한나라 장수 이광이 한 밤중에 호랑이인 듯한 괴물이 앞에 나타나자 온힘을 다해 활시위를 당겼는데 호랑이가 아니고 바로 큰 바위 한 가운데에 화살촉이 꽂혔더라는 이야기처럼 정신력은 엄청나다.

절망에서 일어선 사람은 무수하지만 학생들은 누구보다 강영우 박사 스토리에 크게 감동받고 긍정에너지를 얻는 듯해 뜨거운 눈물을 흘리며 함께 연구할 때가 많았다. 그 이유는 너무나 견디기 어려운 고난과 힘든 역경 때문이다. 강영우 박사는 1944년 경기도 양평에서 태어났는데 13살 때 부친을 잃었고 14살 때 축구공에 눈을 맞아 망막박리로 장님이 되었다. 2년간 치료 끝에 실명 선고를 받아 어머니에게 전하자 엄청난 충격 때문에 뇌졸중으로 모친마저 사망한다. 일찍이 고아가 된 남매들 중 17살 누나는 학업을 포기하고 세 동생들을 먹여 살리고자 평화시장 봉제공장에 직공으로 취직했으나 과로로 2년 후 사망했다. 그러자 9살 난 여동생은 보육원으로, 남동생은 철물점으로 뿔뿔이 흩어지며 자신은 맹인재활원에 들어갔다.

세상에 아무리 불우하다 해도 헤아릴 수 없는 불행이 겹겹으로 연달아 따라붙는 절망의 삶도 처음 들었다. 결국 17세 늦깎이로 맹아학교 중등부에 들어갔는데 천사나 다름없는, 나중 부인이며 평생지기이자 은인인 숙명여대 여학생, 석순옥 여사를 만난다. 석여사는 공부를 도왔고 강박사의 눈이 되어주었다.

부인 석 여사의 고운 성품은 천사도 감탄할 수준이 아닐까 한다. 60년대 대학입학생이 고교졸업생 중 7% 가량, 여학생은 그중 10% 정도일 터이고 한 개 군에 여대생이 기껏 한두 명 있을 둥 말둥 할 때의 이야기이다. 내로라하는 명문대 졸업생, 정상적이고 금처럼 귀한 여대생이라면 장래가 촉망되는 훤칠하고 잘 생긴 남학생이 즐비할 터인데도 다 마다하고 굳이 장애인, 게다가 맹인을 위해 일평생을 바친다는 건 마리안느나 마가레트 수녀에 못지않은 고귀한 정신이 아닐까 싶다. 두 수녀는 만리 타국 우리나라 소록도에서 무려 43년간이나 한센병(일명 문둥이)환자를 돌보았다. 석 여사 역시 나이도 두 살 연하에 땡전 한 푼 없는 고아, 강영우 박사를 배우자로 만나 평생을 돌본다는 건 하늘이 놀랄 일이다.

강영우 박사는 1968년 연세대 교육학과에 입학해 우등으로 졸업했고, 미국으로 건너가 1976년 한국인 최초 시각장애인 교육학 박사가 된다. 그 후 평범하지 않은 삶을 살아가다 2001년 미국 고위 공직자 500명 중 한 명인 백악관 국가장애위원회 정책차관보로 임명되어 활동하는 영광을 안았다. 아들 둘도 훌륭하게 키웠다는데 "내 장애는 축복이었다." 고 말하며 장애를 축복으로 만든 사람−《내 눈에는 희망만 보였다》라는 책을 펴내기도 했다.

그는 실명이 자신의 삶을 바꾸어 비전을 품게 했고 열매를 거두게 했다고 주장한다. 강영우 박사는 상상하기 힘든 고난과 역경을 극복해 엄청난 성공을 거둔 위대한 분이다. 흔히 불평과 불만으로 가득 차 절망에 빠진 젊은 학생들은 강박사 스토리를 듣고 감동한 나머지 긍정적인 삶으로 변화하는 일이 많다. 특히 멀쩡한 여대생으로 나이 어린 중학생을 만나 눈이 되어줌은 물론 엄마이자 아내이며 간호사의 역할까지 함께 해준 석순옥 여사의 숨은 내조나 공로가 더 컸는지도 모른다. 석 여사의 뒷받침이 있었기에 강 박사는 살아남았고 큰 성공을 거둘 수 있었다. 참으로 강영우 박사의 휴먼 스토리를 읽으면 어른인 나도 뜨거운 감동을 받으며 강한 에너지와 엄청난 동력을 얻는다.

12. 분노조절

　뜨거운 8월 어느 날 변두리 동네 슈퍼에 갔더니 카운터에는 알바 청년이 있었다. 음료수를 사마신 후 빈병을 버리려니 도무지 쓰레기통이 안 보인다. 보통 일반쓰레기, 재활용품, 플라스틱류로 나눈 수집함이 제대로 갖추어 있게 마련인데 이 슈퍼에는 아무리 찾아도 빈 깡통 하나 보이지 않았다. 할 수 없이 카운터에 놓으며 "이것 좀…" 하니까 별안간 "내가 쓰레기통이란 말입니까?" 하고 화를 벌컥 내는 것이 아닌가? 어처구니가 없었지만 요즘 청년들의 절망이 얼마나 심하기에 저렇듯 사소한 일에도 분노를 삭이지 못하는가 싶어 한참 부드러운 말로 달래고 이해시키느라 진땀을 뺐다.

　분노는 불이라 한다. 병적으로 화를 자주 혹은 심하게 내는 사람은

'분노조절장애'를 의심할 수 있다고 한다. 분노조절장애는 의학적으로 정확한 진단명은 아니나 간헐적 폭발 장애, 경계성 성격장애, 적대적 반항 장애와 같은 여러 질환의 증세를 뭉뚱그려 부르는 용어라고 한다.(중앙일보 이현상,19.0416) 앞에서 말한 분노조절장애와 가장 가까운 것이 간헐적 폭발장애인데 별 것 아닌 일에 갑자기 화를 내거나 폭력을 행사하는 증세로 수퍼의 청년이 이에 해당될 듯하다.

간헐적 폭발장애는 정신적 블랙아웃이라는데 한참 매스컴을 사로잡은 대한항공 모녀들의 갑질도 직원들의 증언대로이라면 정신과 상담이 필요하다는 이야기다.

미국에서 하버드대, 듀크대, 컬럼비아대 3개 대학 공동 연구팀이 연구한 결과(행동과 법저널)에 의하면 전체 미국인의 10%가 분노 조절 장애를 지니고 있다고 한다. 미국인이 소유한 총기가 총 3억 1천만 정으로 일반소유자는 개인당 한 자루인데 반해 분노 소유자는 대부분 6정 이상을 보유하고 있다고 보고한다. 툭 하면 총기 사고로 여러 명의 사상자를 내는 불행도 바로 분노 조절 장애로 인한 것이 아닌가 싶다.

신문에 빈번하게 등장하는 각종 살인사건, 그중 동거남(녀) 살해는 우리 모두를 너무 멍들게 한다. 특히 층간소음 갈등으로 윗집 노부부에게 흉기를 휘둘러 살해했다는 이야기엔 어안이 벙벙할 지경이다.

두 차례 항의했지만 나아지지 않았고 나를 무시하는 것 같아 죽였다는 것이다. 사장이 월급도 올려주지 않으면서 "나를 무시해서 죽였다."는 2016년 대구 건설회사 사장 살인사건도 있었다. 가장 큰 비극은 '여자들이 나를 무시해' 란 때문에 자행한 '강남역 묻지마 살인사건'이다. 평소 여자들이 자기를 무시해 일을 저질렀다는 범인의 말은 우리를 우울하게 만든다.

모두 분노관리가 안 된 극단적인 예가 아닐까 싶다. 대체로 '욱' 하는 성미가 있다든가 '버럭' 화를 낸다는 말투는 점잖은 모양새는 아니다.

너도 나도 자주 듣는 '분노가 하늘을 찌를 때' 의 표정관리가 쉽지 않다. 이른바 지도층이라는 사람, 여의도 민의의 대표들 중에서도 말로 인해 화를 입는 경우가 종종 들린다. 온몸을 불사를 듯한 분노라든가 도저히 참을 수 없는 분노는 누구에게나 일어날 수 있으며 자칫 엄청난 대가를 치르게 마련이다. 이를 세련되게 다스릴 길이 없느냐.

한비자 내저에 나오는 이야기이다. 제나라 중대부인 이사가 술이 거나하게 취해 회랑에 서있었다. 이때 노복이자 문지기인 월궤가 "대부님! 남은 술이 있으면 한 잔만 주십시오" 라고 요청하자 "물렀거라! 천한 아랫것이 감히 윗사람에게 술을 달라다니.." 라고 일갈하자 월궤는 황급히 도망쳤다. 이사가 가버리자 문지기는 앙심을 품고 남문 기둥에 더러운 물을 뿌려 마치 소변을 본 듯한 무늬가 되었다. 마침 왕이 지나다 "어느 놈이 여기에다 오줌을 쌌느냐?" "모르겠습니다만 이사가 지나갔습니다" 라고 답하자 이사는 그 즉시 목이 잘렸는데 누구 손에 죽는지, 무슨 영문으로 죽는지 조차 모른 채 죽어나갔다는 것이다.

여기서 이사는 인색하고 작은 것조차 베풀지 못해 몰락한 것이지만 분노관리가 잘 못된 큰 문제점을 지니고 있다. 그의 분노는 작은 분노인데 반해 아랫것이라고 무시당한 월케에게 설마하니 큰 분노가 일어나리라곤 전혀 눈치 채지 못해 하나 뿐인 목숨을 날려 보냈다.

이와 같이 단순한 버럭이나 욱 하는 정도는 그래도 애교가 있지만 자기 딴에는 작은 분노일지라도 '조그만 수류탄이 때로는 건물도 무너뜨리는 폭발력이 있음을 무시하다' 가 신세를 망치고 일생을 그르치는 예는 부지기수로 많다.

한편 제2차 세계대전 당시 오리건주 포틀랜드에 살던 엘리자베스는 국방부로부터 유일한 피붙이인 아들이 전사했다는 잔인한 소식을 도저히 받아들일 수 없었다. 처음엔 슬픔으로 갈기갈기 찢긴 마음에 자살을 생각할 만큼 삶이 무의미해졌다. 고향을 떠나 사람이 없는 곳에서 조용히 살고자 짐을 꾸리다 아들이 몇 년 전 전선에 도착해

보낸 편지를 발견하였다.

"어머니 걱정 마세요. 저는 절대 어머니의 가르침을 잊지 않을 겁니다. 어디를 가든 어떤 어려움을 만나든 웃으며 이겨낼 거예요. 항상 어머니의 모습을 거울삼아 영원히 어머니의 웃는 얼굴을 기억하겠습니다." 라고 쓰여 있었다. 그녀는 편지를 읽고 또 읽었고 '그래, 아들의 말대로 살아야지. 웃는 얼굴로 이겨내자.' 그 이후 적극적인 삶을 살아가면서 웃는 얼굴로 많은 친구를 사귀었고 덕분에 외롭지 않게 되었다.

그 무렵 독서를 즐기게 되었는데 문학 작품을 사랑하던 그는 훗날 직접 책을 집필해 단숨에 영향력 있는 작가가 되었다.

사람들이 "아들과의 이별이 아직도 고통스러운 경험이냐?" 고 묻자, "아니오. 그렇지 않습니다. 그 일은 제게 너무나 중요한 일이었고 또 제게 새로운 인생의 출발점이기도 했습니다."

"사람은 고통의 구렁텅이에 빠졌을 때 스스로 헤어날 줄 알아야 합니다. 그러나 바뀔 수 없는 현실과 마주했다면 그 일이 아무리 고통스러워도, 아무리 자신이 무능력하게 느껴져도 용감하게 맞서십시오!"

새들은 모래나 작은 돌을 삼켜 먹이를 부순다고 한다.

인간도 고난이나 분노가 일어나더라도 새처럼 잘게 부수어야 한다. 누구나 살아가면서 기쁨과 행복도 만나지만 때때로 근심과 슬픔과 미움을 만나기도 한다. 하지만 그런 것들을 스스로 삭여야 할 필요가 있다. 링컨은 평생 그를 괴롭힌 정적 스탠턴을 전쟁장관에 임명하며 "원수는 죽여서 없애는 게 아니라 마음속에서 없애야 한다. 기용하면 적이 없어질 뿐만 아니라 국민에겐 능력 있는 사람의 봉사를 받아 좋다"고 새처럼 분노를 잘게 부수어 날려 보냈다.

삭이는 과정에서 많은 어려움과 갈등을 겪지만 아픔을 견뎌낸 후에야 비로소 자유로워지고 성숙해지기 때문이다. 누구나 제 몫의 모래를 삼켜 울화나 분노를 극복해 관리하는 자만이 일어서 성공한다.

미운 친구일수록 얼굴이 종종 떠올라 괴로울 수도 있다. 떨치려 하면 할수록 더 자주 떠오른다. 그럴 때는 NLP(신경언어프로그램)을 이용해 다스렸는데,

1) 보기 싫은 얼굴로부터 높이높이 떠올라 나중엔 수만 피트 상공에서 내려다본다. 희부연 점이나 다름없는 그 작디작은 얼굴을 훅 하고 불어 날려버리면 많이 가벼워진다. 기분도 상쾌하다.

2) 다른 얼굴로 바꿔치기 한다. 나는 미운 얼굴이 떠오를 때마다 고 김수환 추기경님을 떠올려 바꾸어 버리거나 확 덮어버리면 한결 편함을 느끼곤 했다. 끔찍한 장면도 비슷하게 아름다운 풍경이나 즐거운 장면으로 치환하면 감정이 가라앉는다. 만일 좀처럼 가라앉지 않거나 끊임없이 괴롭힌다면 정신신경과를 방문해야 되잖을까.

NLP란 말을 몰랐던 오래 전 정신과에서 심리치료를 받은 적도 있다. 결코 부끄러워 할 일이 아니다. 당시 문제가 심각하다는 사실을 스스로 느끼면서도 미적미적 안 다니고 그냥 사회생활에 진입한 친구가 있었다. 영어를 원어민처럼 잘 하고 머리가 비상하나 이른바 ADHD(주의력결핍 과잉행동장애)에 걸렸는지 옮겨 다닌 직장만 26개가 될 만큼 방황하다 외국으로 나갔으나 불행하게도 불귀의 객이 되고 말았으니 분노관리는 크든 작든 성공의 바로미터가 될 듯싶다.

13. 부드러운 대화

　재단 측과 싸운 이후부터 내가 '버럭' 화내는 일이 잦다고 아내가 지적했을 때 소스라치게 놀랐다. 나이든 처지에 점잖아야 할 터인데 그간 겪은 다른 사람들과의 갈등이나 가치관의 혼돈이 '버럭'을 자아낸다 생각하니 방치해서는 안 될 듯했다. 자칫 분노관리를 잘 못하면 신세도 망칠 수 있다는 걸 생각할 때 예사롭지 않았다.

　이를 어떻게 제어할 것인가? 언젠가 주말부부강습(ME: Marriage Encounter)의 비폭력대화(Non-Violent Communication: NVC)를 이용하는 부부간 대화법이 떠올랐다. 욕설이나 폭언을 삼가자는 뜻을 넘어 긍정의 언어를 사용하자는 것인데 상대방을 함부로 판단하거나 평가하지 말고 느낌을 토대로 대화하면 탈이 없다는 게 핵심이다.

　우리는 "넌 그게 뭐냐? 임마! 틀렸어~ 항상 그래, 노다지 그래" 와 같은 대화를 아무렇게나 내던진다. 그냥 사실이 어떻다는 선을 넘어서 재판하듯 꼭 가치 판단을 내세운다. 이에 NVC를 사용하면 앞서 말한 긍정에너지가 많이 공급됨을 경험했다.

비폭력대화에서는 [See-> Feel-> Desire-> Request]의 순,

[관찰-> 느낌-> 욕구-> 요청] 순으로 대화를 이어가라는 것이다.

1) 관찰이란 사실을 살피는 것이고

2) 느낌은 상대방이 나쁘다, 틀렸다와 같은 평가나 판단을 배제하고 쓸쓸했다, 우울했다, 비참했다, 슬펐다 등으로 나의 순수한 느낌만 말하며

3) 그러기에 나는 이 느낌을 없애려면 '당신이 ~~ 해주면 좋겠다'는 진정한 욕구를 파악해

4) 앞으로 이렇게 해다오! 좀 너그럽게 대해 주면 좋겠다. ~해줄 수 없겠지? 등으로 요청하는 네 단계 대화로 풀어나가라는 것이다. 대놓고 말하기 곤란할 때는 톡이나 문자가 매우 효과적이다.

흔히 아내의 "또 그러는구만, 노상 그렇지, 항상 그렇다구, 왜 그모양이냐"는 말은 엄청난 폭언이다. 지레 짐작으로 행동을 반복한다고 낙인찍음과 동시에 나를 으레 그런 사람으로 단정 짓고 부정적으로 평가하는 말투이다. 나라고 억울한데 가만히 있겠는가. 버럭 화를 내기 일쑤이었고 일은 커진다.

정확하게 말한다면 "지난 화요일에도 그러더니 오늘도 전기난로를 안 끄고 나갔더라구~ 불 날까봐 엄청 걱정했구만..." 이다.

이에 남편은 비록 화나더라도 "그런 말을 들으니까 내가 치매라도 걸린 사람인양 우울하네. 그렇잖아도 밖에서 깨지고 있는데 집에서도 그러니까 열등감만 솟아 오르네" 이고 "어쩌다 실수하면 당신이라도 좀 너그럽게 '조심하라' 고 부드럽게 말해줄 수 없는가?" 라고 요청하면 잘 수습될 일이다.

NVC를 갈등관계에서 요긴하게 써먹었는데 그 때마다 많은 효과를 보았다. 우선 교육을 받은 후 아내에게 시행한 결과 금방 화목을 이루었고 많은 사람들과 갈등을 해결하는데 큰 자양분이 되었다.

그 하나가 서울대 L교수와의 해프닝이었다. 그 교수와는 동갑이라 한 동안 친하게 지냈는데 어느 날 방문 중 "박사과정 A교수가 누구이냐?" 고 물으니 "63학번으로 고등학교 선배요." 라 답해 "나와 같은 학번 아니냐?" 고 말한 뉘앙스가 마치 '당신은 나의 후배야.' 를 강조하는 듯 느꼈는지 느닷없이 화를 벌컥 내며 대뜸 폭언을 퍼붓는 게 아닌가. 아마도 나이는 많으나 항렬이 낮은 종친에게 반말을 건네는 듯한 느낌을 받은 모양이었다.

이내 나와 버렸지만 실로 어이가 없었다. 부인이 우리 대학 교수라 연락하니 "참으세요! 그이가 본래 그렇잖아요." 라 해 도리 없이 참고 지내다 연구 차 미국에 나갔을 때 마침 밸런타인데이 날인데 퍼뜩 그 생각이 떠올랐다. 야릇한 기분에 "당신을 방문한 건 그래도 평소 다른 교수보다 따뜻하고 살갑게 대해주었기 때문인데 그 날의 폭언에 나는 참으로 씁쓸했다. 무엇을 잘 못하였는지 모르나 실로 비참한 느낌이었다" 라고 비폭력대화의 편지를 썼다. 당신이 나쁘다든가 틀렸다는 등의 판단은 완전 배제하였다.

나중 정초에 대학원 학생들을 만났는데 L교수댁에 가자는 것이었다. 내키지 않았지만 혹시라도 눈치를 챌까봐 마지못해 끌려갔고 인사말이 오가는 중, 돌연 L교수가 "내가 정헌석 교수께 진정 미안한 일을 저질렀는데 이 자리에서 사과합니다." 라고 뜬금없는 폭탄선언을 하는 게 아닌가. 다른 사람은 도대체 무슨 뚱딴지같은 말인지 종잡을 길 없었겠지만 나는 계면쩍었고 어혈이 다 풀리는 느낌이었다. 그 후 더욱 가까워졌고 비폭력대화의 파워를 실감하였다.

아이들이 다 큰 이후 돌이켜보니 나야말로 독재형의 못난 애비이었음을 깨닫고 회한깨나 서려 마음이 많이 아팠다. 흔히 아버지는 아들과 관계가 나쁘고 딸과는 사이가 좋은 법이라는데 나의 경우는 반대로 딸과 견원지간이었다. 그 이유는 아들 녀석은 아내가 약국을 할 땐 손님 때문에, 월급장이로 출근할 때는 저녁에 들어오는 엄마를 기다리느라 마음이 허기진 탓으로 방황하는 딱한 모습이 안쓰러워 야단치거나 폭언을 자제했기 때문이 아닌가 싶었다.

반면 딸은 중학교 때까지 범생, 우등생으로 달려왔고 몰래바이트를 했던 서울대 수학과 박사과정 학생이 뛰어난 두뇌라고 극찬한다 해 마음을 턱 놓고 지냈다. 그러다 사춘기병을 극심하게 앓는 줄도 모르는 내가 푹 떨어진 성적표를 내던지며 "이걸 성적이라고 받아왔느냐?"고 폭언한 것이 그만 돌아올 수 없는 다리를 건넌 양 360도 틀어져 버렸다. 당시 나도 하루 25시간을 뛰느라 딸의 감정 따위 아랑곳할 입장이 못 돼 세월만 흘렀는데 나로부터 입은 상처가 돌덩이만한 트라우마로 늘 가슴을 짓누르는 모양이었다.

약 7년 전, 우연히 단 둘이 있게 되자 명색이 코치이니 큰마음을 먹고 "애야, 잠깐만 아빠말 좀 들어줄래?" 하고 말을 붙이며 "네가 사춘기로 한참 힘들 때 아빠도 앞만 보고 달리느라고 좌우를 살필 여유가 없다 보니 너에게 큰 상처를 입혔구나! 이제 아빠를 용서할 수 있겠니?" 라고 진정성 있게 사과했더니 딸의 두 뺨에 눈물이 주르르 흘러내리는 것이었다. 나 역시 한참 동안 흐르는 눈물을 어쩌지 못했다.

그 후 놀라운 일이 생겼다. 가끔 강의용 동영상을 만들 때는 딸에게 부탁했는데 "야, 너 말야! PPT 좀 언제까지 만들어 달라!" 고 부탁하면 몇 번 다그쳐 2주쯤이나 지나야 겨우겨우 받았었다.

지금은 나도 모르게 "애야! 너 시간 있니?" 라 묻거나 "PPT를 손보아야 하는데 시간 있니? 또는 도와줄 수 있니?" 하고 비폭력대화로 요청하는 버릇이 생겨났다. 그래서인지 그때부터 종전에는 한 달 가량 걸려 마지못해 해오던 작업을 늦어야 열흘, 빠를 때는 1주 내 "다 됐어요" 라고 쾌히 응해오는 것이었다.

더욱 경악할 일은 고희라고 "하와이를 10일간 아이들이 예약해 놓았으니 그리 알라" 는 아내의 말을 듣고 "알았어" 한 지 엊그제인데 곧 공항으로 온 식구가 달려갔을 때이었다. 비행기 탑승구에서 줄서 있는데 딸아이가 오더니 "아빠는 왜 여기 서 계신 거예요?" 라고 묻잖은가.

"그럼 어디에...." "표를 보세요! 저쪽으로 가서야 돼요" 라는 말을 듣고 무슨 뚱딴지같은 소리인가 하고 다시 보았더니 '어머나 놀래라! First Class' 라는 글자가 아주 선명하게 보이는 게 아닌가. 말이 일등석이지 타보기는커녕 항공권조차 처음 보는 거라 머리가 핑 돌았다.

참으로 기적과 같은 일이었다. 자식 자랑이 아니다. 딸은 못난 아비의 사과로 응혈이 다 녹아내렸고 엄청 감격한 모양이었다. 돌연 좋은 아빠로 변한 나에게 어떻게 잘 해 드리느냐고 고민하다 고희를 즈음해 1등석 티켓을 끊어 나를 놀래킨 것이었다. 통상 비즈니스 티켓은 마일리지로 가능하고 구라파 여행 시 만석일 때 타본 경험이 있지만 1등석은 그야말로 꿈같은 이야기이었다. 발권에도 마일리지 외 상당한 현금을 부담해야 하므로 우리네 같은 서민들은 좀체 만져볼 수조차 없고 친구들로부터도 타봤다는 이야기를 듣질 못했다.

그까짓 성적이 뭐라고 어린 딸의 자존심을 짓뭉갠 내가 너무 부끄러웠고 초라하게 느껴졌다. 이때 비로소 자식과의 관계도 개선하면 할수록 엄청난 긍정이 되돌아옴을 크게 깨달았다. 더군다나 사과한 마음에 다 큰 자식에게 "해다오! 하라!"와 같은 명령이나 지시가 아닌 비폭력대화에 따라 "해줄 수 있니?" 라는 요청이 엄청난 위력을 발휘한다는 사실을 처음 알았다.

이 사례를 이야기하면 친구들을 비롯 젊은 부모들은 모두 감동한다. 어떤 엄마는 눈물을 흘리며 공감하기도 한다. 나도 감동한 나머지 자식한테 더 잘 하고 자식은 그런 부모로부터 받은 감동을 갚고자 더욱 애쓰니 그야말로 긍정에의 선순환이었고 행복한 삶을 되찾는 '일석삼조'의 효과가 있는 비폭력대화이었다.

14. 복원력

분노나 실패 시엔 절망 또는 당혹과 같은 부정적인 감정이 끊임없이 일어나지만 스프링처럼 금방 사라지기 때문에 그 시한은 90초라는 말이 있다. 부정적 감정을 혼자 삭일 때에는 너무 힘들어 오래 지속될 수도 있고 이른바 수련이 필요하다. 대체로 주변 사람들의 따뜻함이 있을 때는 간단히 제어될 수 있어 좋다. 문제는 사람들이다.

시련을 겪어 본 사람은 실패의 순간, 친구와 적이 확연하게 구분된다는 것을 잘 안다. 어떤 친구는 "내 그럴 줄 알았다니까" 라면서 차가운 판단과 평가의 말을 던진다.

김형경이 "살다보면 힘들 때나 큰 시련에 부딪칠 때 가장 가깝다고 믿었던 친구가 제일 냉혹한 비판가가 되는 일이 흔하다. 놀랍게도 가까운 친구일수록 큰 시기심을 내면에 숨기기 십상이기 때문" 이라고 한 말을 새겨들을 필요가 있다. 아마도 인간의 내면에 숨겨져 있는 본성 때문이 아닐까? 차를 몰고 가다 과속하는 고급 승용차가 보이면 "저걸 그냥.. 가다가 박살나버려라!" 는 심리도 일종의 시기심이다. 한참 후 놀랍게도 과속한 그 차가 경찰에 걸려 딱지를 떼일 때 얼마나 통쾌한가. 화재라든가 많은 재난을 보며 불행하다고 여기면서도 딱히 기분 나쁘지 않은 이유도 그런 맥락이다.

스포츠를 비롯한 승부세계에서는 "남의 불행이 나의 행복" 이라는 명제가 잘 통한다. 잘 나가던 아이가 넘어졌을 때 얼마나 기분이 좋았던가. 만일 당신이 긍정마인드를 갖고 있다면 어떨까?

흔히 실패를 상대하는 데에도 당사자의 태도에 따라 두 가지로 나뉜다. 실패의 원인을 '~탓이야, ~때문이야, ~만 있었어도' 등 외부로 돌리면서 절망 상태에 오래 머무는 사람이 있는가 하면, 실패를 내부에서 찾아 문제를 적극적으로 해결하는 사람도 있다.

비슷한 관점에서 데일 카네기도 실패를 겪었을 때, 두 갈래 갈림길이 있다고 말한다.

하나는 주저앉아 믿음을 잃는 길(절망),

다른 건 용감하게 다시 일어나 실패를 직시하고 실패한 원인을 찾아 스스로 이겨나가는 길이라고 말했는데, 실패를 긍정적으로 바라보는 대표적 인물은 에디슨으로 실패관리의 태두라 말할 수 있다.

가톨릭교의 "내 탓이오" 도 그 하나이리라. 이에 대해 프랑스 정신분석학자 보리스 시릴뤼크는 고통스러운 유년기를 보냈음에도 불구하고 훌륭한 사회인으로 성장한 이들의 심리를 연구 끝에 '복원력' 이라는 개념을 제안했다. 복원력이란 "심각한 스트레스나 역경에도 불구하고 사회적으로 성공해 인정받을 만한 방식으로 살아가며 자신을 긍정적인 방향으로 발전시키는 능력" 이라고 정의한다.

분노가 치솟을 때 '하늘은 너무하다' 고 자학에 치닫는 사람도 있지만 누가 보아도 분노가 하늘을 찌를 듯한데도 긍정적으로 극복해낸 분 중에 작가 박완서가 있다. 한 마디로 뛰어난 복원력을 지녔다.

그 분은 88년 다섯 자식 중 하나밖에 없는 아들을 교통사고로 잃었다. 아들도 보통 아들이 아니었다. 26세로 앞날이 창창한 서울의대 졸업, 마취과 인턴이었다. 설상가상, 남편 사망으로 슬픔이 채 가시지 않은 3개월 뒤의 잇따른 사망이었으니 오죽 했을까. 자식을 앞세우면 부모가 죄지은 탓이라고 어렵게 참척이라 말한다. 정말 흰 머리가 검은 머리를 먼저 보내는 심정은 바야흐로 애간장을 끊는 고통이었을 듯하다.

작가는 글쓰기에 매달렸다. 치받치는 통곡을 마음대로 할 수도 없는 일이었고 통곡을 고스란히 참기가 너무 힘든 나머지 미친 듯 끄적거린 게 생활성서에 1년간 연재해 책으로 펴낸 《한 말씀만 하소서》라는 이야기라 한다. 작가는 하느님에 대한 회의와 포악 및 저주로 일관돼 있다고 겸손했지만 포악을 부리고 질문을 던질 수 있는 분이 있었기에 복원력을 생성시킬·수 있었다. 강한 부정은 강한 긍정을 전제로 하지 않고는 불가능하다는 그 분의 말마따나 복원력은 긍정의 길이다.

캘리포니아대학 심리학 교수 살바토레 매디는 1970년대와 80년대 일리노이 벨 전화회사가 문 닫을 위기에 처했을 때 직원 430명을 대상으로 스트레스 연구를 했다. 대부분 심리적 공황에 빠져 이혼하거나 심장마비, 뇌졸중으로 쓰러지더란다. 신기하게도 직원 1/3은 그 전과 비교해 크게 달라지지 않았다. 조사해보니 공통점은 다른 사람보다 복원력이 뛰어났다는 사실이다. 그들이라고 스트레스가 없는 것은 아니었다. 스트레스에 압도당하지 않고 극복할 수 있다고 믿는 긍정마인드가 뛰어났다. 누구나 살다보면 고난을 겪을 수 있다는 사실을 받아들이고 더 나아가 역경을 성장의 기회로 받아들였다. 다른 사람들을 탓하기보다 고통과 실망을 이겨내는 법을 배우려 애썼다

당신은 지금도 좌절과 절망의 늪에 빠져 있는지도 모른다. 그런데 신은 우리에게 고난과 상처를 주었지만 그것을 극복해나갈 수 있는 복원력도 선물로 함께 주었음을 상기할 필요가 있다.

자연계에는 우리에게 고통스런 질병을 자아내는 물질이 있는 반면, 치료할 수 있는 물질도 반드시 공존하고 있음과 같은 이치이다. '병주고 약준다.' 는 말은 아니나 다 살 길이 있다는 의미일 듯하다.

15. 코칭 대화법

　나는 그림을 전혀 모른다. 음악도 음치라 멀리 내동댕이친 지 오래이다. 다만 대학에 음대, 미대가 있어 연주회나 전시회에 가면 '그림 좋구나' '그 음악 듣기 좋구나'를 생각할 뿐이다. 예능계에 문외한이어도 같은 캠퍼스 내에 있으니 대충 움직임이나 돌아가는 모습은 알 수 있다. 그림은 모두 캔버스라는 도구에 담는다.

　캔버스는 그림을 그리는 바탕재이다. 이 캔버스가 종류깨나 많은 모양으로 직포나 마포 외 켄트지, 도화지, 동양화는 닥지나 한지가 있을 테고 심지어 여인의 치마폭과 같은 비단도 일류의 캔버스, 이외 목면지 쥬트지 등 다양하다. 화가는 캔버스 위에 그림붓 또는 페인트솔로 물감, 곧 유화용 안료나 염료를 찍어 그림을 그린다.

　왜 장황하게 그림을 이야기 하냐고 아연할 수 있겠으나 코칭대화와

엇비슷해서이다. 운동에 관련된 육체적 코칭(Physical Coaching)이나 기술코칭은 일찍이 소개되었겠지만 형이상학적인 마인드 코칭 또는 멘탈 코칭은 비교적 늦게 2002년 우리나라에 소개되었다.

코칭이란 무엇인가? 긍정이란 캔버스에 붓과 안료 대신 질문과 경청이란 도구를 이용하여 고객(Client) 또는 내담자(피코치)가 가고자 하는 삶의 그림을 그려주고 띄워주는 서비스 활동이다.

코치란 말이 역마차이듯 말이 원하는 곳은 어느 곳이나 갈 수 있으며 고객의 가는 길은 정해져 있지 않다. 그런 관점에서 정해진 길만 따르고 규격화된 인간만을 육성하는 트레이닝과 다르다. 트레이닝은 영어 그대로 선로를 따라 가는 기차에서 유래되었다. 이미지메이킹이 있듯이 코칭은 바로 마음관리, 마인드 메이킹이 아닐까 한다.

육체적 코칭이나 기술코칭은 몸을 움직이게 해 자세를 바로 잡고 개선시키겠지만 코칭은 생각을 일깨워 궁극적으로 행동을 변화시키고 삶이나 목표를 업그레이드 시킨다. 그러기에 대화의 요령이 일반대화와 전혀 다르다.

흔히 코칭대화와 일반대화를 비교해 익히지만 가장 기본적인 것은 긍정바이러스를 끊임없이 공급해 바탕을 긍정의 캔버스로 바꾸는 일이다. 알기 쉽게 배색이랄까 배경 음악과 비슷할 수 있고 링거 주사액을 꽂고 영양을 공급하듯 바꾸는 것이다.

긍정바이러스의 공급은 링거 주사 맞듯 바늘을 꽂는 게 아니라 언어라는 매체를 통해 전한다. 대단한 언어가 아닌 단 한마디 "대단하구나" "잘 하고 있구나" "옳지! 그렇게 하면 되겠는데.." "제법인데" 등으로도 긍정에너지는 크게 치솟는다. 우리는 어려운 한자로 쓰인 사서삼경을 접해서인지 쉬운 긍정의 말을 모른다. 아니 못한다. 기껏 던진다는 게 "정교수는 총장 선거에 나왔다 떨어지기도 했다" 인데 딴에는 중량급 인물이라고 소개하려는 의도이지만 부정 언어의 극치일 뿐이다.

그런데 긍정의 말을 왜 못 하는가? 남을 높이면 피드백으로 본인도 높여진다는 문화가 이루어지지 않아서이다. 서구, 특히 유럽은 오래 전부터 이런 문화가 발달했다. 미국도 그 영향인지 별 게 아닌데도 "wonderful" "great" "amazing" "delicious" 를 자연스럽게 던진다. 우리는 "따뜻한 인간미가 돋보여요" "정에 넘치는 사람" "잘 챙겨주는 분, 좋은 분" 이란 말만 해도 긍정바이러스가 엄청나게 공급되건만 삼간다.

얼마 전 자장면을 만들어 지역 주민에게 전달하는 봉사자와의 인터뷰가 나왔다. 아나운서가 몇 년 되었느냐고 묻자 3년이라 답하니 "겨우 3년 갖고 되겠어요" 라고 말하는 게 아닌가. 실로 몰상식한 부정의 말이었다. 무엇이 문제인가? 바로 부정마인드가 문제이었다. 중국요리 전문가도 아닌 한 대단하다는 심정으로 "겨우 3년 밖에 안 된 분이 그처럼 잘 하세요, 어쩌면 수십 년 종사한 분처럼 달인 같아 보이는데요" 라고 격려와 지지의 말을 건넸어야 했다.

흔히 배려라든가 공감 등의 긍정적인 차원을 강조하지만 알기 쉬운 긍정언어에 못 미치는 경우가 많다. "따뜻한 사람이군, 착한 교수이군, 머리가 좋은 분이군, 글을 잘 쓰시지요" 등의 말을 종종 듣지만 그중 "착한 분이야" 가 가장 마음을 울린다. 아울러 초등학생도 알 수 있는 '따뜻한 분' '대단한 분' '괜찮은 분' '훌륭하군요, 착한 분이셔요' 과 같은 쉬운 말로도 많은 감동을 준 경험이 있다.

오리지널 감나무를 얻으려면 씨앗을 심어 자란 고욤나무에 모체를 접붙여야 본래 DNA가 유지되듯 코칭대화 역시 보통 대화에 긍정을 접붙여야 한다. 바로 일상 대화에 긍정언어를 싸 바르면 오케이이다.

그림에서 채색하듯 바로 긍정마인드를 조성하는 길이다. 아무리 눌변 또는 달변처럼 말을 잘 하더라도 긍정이 깔려있지 않다면 흔해 빠진 담소에 지나지 않는다. 바탕이 긍정이 아니라면 어떨까?

필리핀에 사는 교포는 현지인 가정부를 두었다. 필리핀은 인건비가 싸 우리나라 사람들은 가정부를 보통 두세 명씩 고용한다. 세계은행에 근무하던 친구는 무려 4명이나 두어 "참으로 호사하네" 하고 추켜준 적이 있기 때문에 대충 짐작되는 부정마인드의 교포 이야기가 있다. 교포는 부엌에 둔 고급 양주가 매일 조금씩 줄어드는 게 이상해 그 사유를 캐낼 셈으로 빈만큼 오줌을 채워 넣었다. 역시 오줌도 조금씩 없어지는 게 궁금해 어찌된 영문인가 살펴보았더니 가정부는 요리할 때마다 오줌양주를 붓는 것이 아닌가?

우리 집에서도 옛날 선물 받은 귀한 양주를 나는 단 한 방울 마시지 않았는데도 항상 없어져 알아본 적이 있었다. 아내는 생선을 요리할 때마다 비린내를 없애기 위해 아까운 고급 양주를 조금씩 뿌리는 것이었다. 양주가 없으면 소주라도 붓는다. 그런 맥락이었다. 아뿔싸! 교포는 가정부가 양주를 훔쳐 마시는 걸로 오해했다가 암모니아의 오줌소스가 뿌려진 요리를 아주 맛나게 먹는 해프닝을 맞지 않았을까. 게다가 선량한 주민을 불신해 한국인은 부정적인 민족이라는 이미지만 악화시키는 사태를 낳았을 듯하다. 긍정마인드이었다면? 코칭마인드였다면 이런 불행한 일이 있을 수가 있을까?

코칭대화는 어떻게 하는 지를 이해하면서도 막상 그런 국면에 부딪치면 옛 버릇대로 뻘쭘한 채 우물우물하다 그만 타이밍을 놓치고 후회한다. 약간의 집념과 연습이 필요하다.

후배 교수 아들의 결혼에 참석하려는데 예식장이 성당이었다.
자리를 잡고 둘러보니 바로 뒷자리에 모교 교수님이 앉아 계셨었다.
언뜻 천주교 신자인 듯해 딴에는 가깝게 인사한다고 "신자이십니까? 라고 물으니 "어~엉 그래!" 라고 답하시는 게 아닌가. 그 말에 둔하기 짝이 없는 인간인지라 냉큼 괜찮은 긍정의 말이 떠오르지 않아 끙끙대다 그만 예식은 끝나고 말았다.

그래도 실수를 만회한답시고 "예전 항상 따뜻하게 대해주셔서 제가 학위도 잘 받았고 교수생활도 무사히 마쳤습니다. 감사 말씀을 늦게 드려서 죄송합니다" 라고 얼버무렸지만 버스가 지난 후의 일이라 약효는 의문... 물론 아무 말 하지 않는 것보다야 낫겠지만 이상적이라면 "교수님은 왠지 다른 교수님과 달라 보이셔서요" 가 간단하면서도 썩 좋은 코칭대화가 아닐까.

16. 베풂의 길

4호선 서울역에서 1호선으로 환승하려 언덕을 끙끙대며 큰 가방을 끌고 있는 외국인 여성이 딱해 가방을 들어주었더니 고마워하는 모습은 감동적이었다. 언젠가 남부순환로 번잡한 도로 한 가운데에서 고장 나 당황하는 차를 밀어줘 노변으로 끌어내주었을 때 운전자의 황공해하는 모습이나 비슷했다.

한편 친한 친구인 김 사장은 고맙기 짝이 없을 정도로 나에게 많이 베푼다. 내가 염치없는 사람인 탓인지 모르나.... 여지껏 그 친구한테 해준 게 전혀 없는데도 그 옛날 자장면 대접도 고마울 때 비싼 갈비탕을 사주었다면서 그 고마움을 잊지 못한다고 말한다.

남에게 베푼다는 건 엄청나게 남는 장사이다. 그럼에도 불구하고 선뜻 행하기가 쉽지 않다. 나도 이야기 삼아 꺼냈을 뿐 베푼 축엔 끼지 못하지만 베푸는데 사소하냐, 대단하냐로 양적 개념을 따지거나 물질이냐 마음이냐를 구태여 가릴 필요가 있을까 싶었다.

지금은 우리나라에도 타인을 위해 베푸는 사례가 많다. 이 사회가 썩었느니 이게 나라이냐는 말이 어수선한 가운데도 버티는 걸 보면 공덕을 쌓는 훌륭한 분들이 꽤 있어서다.

세모에는 5천만 원씩이나 기부하면서도 '절대로 이름을 알려 하지 마라!' 는 전주시의 이름 없는 천사 이야기가 화제이었다. 그는 벌써 17년째 어린 소년소녀 가장을 위해 써달라고 박스에 돈을 담아 기부하는데 올해는 무려 50,339,810원이었다고 한다. 무려 17년간 누적 4억 4천 7백만 원이란다.

이름 없는 천사 이야기 중 기부왕, 미국의 척 피니(Chuck Feeny)를 알고는 가슴이 방망이질 치듯 쾅쾅 뛰었다. 1997년 세계적인 면세점 CEO의 회계장부가 언론에 공개되면서 미국이 발칵 뒤집어졌다. 그도 그럴 것이 1988년 미국 경제지는 척 피니를 일러 "부유하나 돈만 아는 억만장자" "냉철한 억만장자" 라고 깎아내리고 비아냥댔기 때문이다.

하지만 그는 부정적인 방법으로 재산을 모으지 않았고 15년간 약 2,900회의 지출을 통해 무려 40억 달러(4조 5천억 원)라는 거액을 통 크게 기부하였던 것이다. "마지막 1달러까지" 라 하듯 재산의 99%를 기부하였는데 놀랍게도 남몰래 기부이었다. 참고로 그는 6·25 참전

용사이기도 하다.

"내가 기부한 것이 알려지면 지원을 끊겠다" 하니 알려질 턱이 없었다. 전주시의 '남몰래 기부' 나 다름없이 역사에 빛날 선행이었고 그후, 빌 게이츠나 워런 버핏의 롤 모델이 되었다.

주한 미국 대사를 지낸 바 있는 레이니 대사의 이야기도 온돌방의 온기처럼 훈훈하기 짝이 없다. 그는 애틀랜타시의 에모리대학 교수로 재직하였는데 터는 넓지만 작은 집에서 혼자 사는 노인을 만나게 되었다. 애처롭게 보여 "안녕하십니까?" 아침이건 저녁이건 인사를 건넸다. 어쩌다 안 보일 때는 집안에 들어가 안부를 묻고 음식도 드렸다. 어느 날 보이지 않아 알아보니 별세하였다는 게 아닌가?

기가 막힌 사실은 레이니 대사에게 수억 달러에 달하는 거액을 남겨 놓고 말이다. 알고 보니 노인은 엄청난 부자로 코카콜라 회장도 역임했으며 회사 주식 4%를 보유하고 있었던 것이다. 더 멋진 건 레이니 대사도 예삿 분이 아닌 탓으로 그 돈을 한 푼도 건드리지 않고 전액 에모리대학에 기부했다는 사실이다.

이건 숫제 천국의 이야기쯤 되는지 우리네 문화로나 상상력으로는 유증한 노인의 이야기도 전혀 납득이 안 될 뿐만 아니라 한낱 교수 신분이었던 레이니 대사의 배달사고 없는 기부도 이해가 어렵다.

나는 남에게 베풀며 살지 못한 주제에 사기깨나 당했다. 사기당한 돈을 많든 적든 어디에 기부나 했으면 복 받으리라 여겨 기분 좋으련만 생돈을 날렸으니 분하기도 하고 바보같이 당한 억울함이 예리한 칼로 베인 듯 여기저기가 따끔따끔하다. 그러다 한 교우가 "정교수! 사기당한 일이 만점은 아니겠지만 공덕이나 적선으로 간주해준다네~ 너무 억울해 하지 말게" 라는 말을 듣고 "그렇구나! 순수한 기부만 못하나 적선은 적선이지" 이라며 굳은 마음이 풀렸다. 아마도 교수들의 업적을 평가할 때 단독은 100%, 공저는 70% 또는 50%로 감안해 주는 바나 비슷한 맥락인 모양이었다.

그 후 억울해 하거나 속상해 하는 감정은 멀리 사라졌다. 더욱이 어느 스님이 운전 중 자기차를 추돌해 사고 났을 때 피해자임에도 가해자에게 다가가 되레 "여보쇼! 내가 사고를 유발해 미안합니다. 깜짝 놀라셨지요~ 피해는 제가 다 물어내겠습니다. 걱정 마시죠" 라고 인심을 썼다는 이야기가 떠올랐다.

세상에 운전대를 잡으면 인격자나 성직자가 따로 없고 "여보쇼! 눈은 가죽이 모자라 뚫어 놓은 줄 아십니까?" "야, ○○○야! 운전 좀 똑똑히 못해~" 라고 새파란 녀석이 반말지거리로 대들기 일쑤인데 도리어 베푼다는 말에 놀랐고 나도 배워야야겠다고 마음을 도사렸다.

역사를 거슬러 올라가 차원이 약간 다른 선조 때 역관 홍순언의 공덕은 뜨거운 감동을 준다. 그는 사신을 따라 북경에 들어갔다 아버지의 장례를 치를 돈이 없어 몸을 팔러 온 처녀가 서글픈 표정을 지어 물으니, "남의 모해로 재산을 몰수당하고 급작스레 부모의 상마저 당했는데 장례 치를 비용이 없어 창가에 몸을 팔러 오게 됐노라" 는 말을 듣고 불쌍히 여겨 가진 돈을 다 털어주고 그 미녀에게는 손끝 하나 건드리지 않았다. 이름을 알려달라고 애원했음에도 끝까지 말하지 않고 성만 일러주고 나와 버렸다. 중인인 역관 주제에 감히 큰돈을 기부하는 배포도 그러려니와 오직 하늘만이 알 '남몰래 기부'를 행하다니 고결한 인품에 새삼 머리가 숙여진다.

나중에 공금횡령죄로 옥에 갇히기도 했는데 동료들이 빚을 다 갚아주는 바람에 몸이 풀려 다시 북경에 닿자마자 그를 찾는 사람을 따라 으리으리한 집에 들어가니 한 부인이 큰 절을 올렸다. 바로 그녀는 꿈에도 잊지 못할 그 처녀, 바로 병부상서 석성의 후실이었다. 이를 계기로 명나라가 조선에 구원병을 파견해 은혜를 갚게 되었다는 아름다운 이야기가 전해진다. 금액이 얼마쯤인지 모르나 일개 역관의 공덕이 나라를 구한 보상으로 돌아온 미담이었다.

Ⅲ장

관계 관리의 실례 實例

1. 참 리더십

요즘처럼 문제되는 황당하고 파렴치한 리더십이 우리를 실망시킬 때마다 간장의 대명사 샘표간장 고 박승복 회장의 리더십이 떠오른다.

그는 국무총리실 비서관 근무 시 부친이 매월 월급보다 많은 액수를 송금해 주었는데 급여가 은행 월급의 1/10정도 밖에 안 되었기 때문이다. 부친의 경제적 지원은 단지 "고생을 덜하라" 는 애정의 산물이라기보다 리더로서 어떤 원칙을 지키며 일할 수 있는 바탕이 되라는 뜻이라 한다. 그 결과 총리가 네 번이나 바뀌었어도 건재하였고, 이북 출신이라 빨갱이로 매도되고 검은 돈을 받았다고 음해를 받아도 살아남았다.

샘표간장은 1946년 창립된 장수기업이다. 베이비붐 이전 세대에게는

'울산 큰 애기' 등으로 유명해진 톱가수 김상희의 "보고는 몰라요, 들어서도 몰라요, 맛을 보고 맛을 아는..." 이란 CM송이 뇌리에 역력하게 새겨져 있다. CM송 하나만으로 순곡간장이라는 광고는 대성공을 거두었고 소비자에게 친숙한 브랜드로 자리매김하는 계기가 되었다.

경영의 측면에서도 괄목할 만한 성적을 거두어 1997년엔 50년 무적자 기업을 기록하였고 매년 흑자 배당을 실시하였다. 동시에 한 분야에서 1등 기업이라는 확고한 지위를 획득하였다.

박 회장의 경영철학은 "자유로운 분위기를 조성해 일할 의욕이 절로 생기고 직원들이 내가 주인이라는 마음가짐으로 일할 수 있는 곳으로 만들자" 이다. 그는 회사에 출근하는 날부터 직원식당에서 직원들과 점심을 함께 하기로 마음먹었다.

우선 사장실 문턱을 낮추고 내가 먼저 다가가는 경영을 실천하기로 작정했다. 말이 쉽지 "어디 감히 아랫것들이" 라 하대하는 유교문화와 함께 갑질이 종종 문제되는 우리나라 풍토에선 사장님과의 식사란 어림 반 푼 어치도 없는 이야기이다. 나도 잠깐 몇 군데 회사에 근무해 보았지만 식사는커녕 사장님 코빼기도 구경하기 어려웠다.

회사가 안정되어 가자 창동 인근 주민들과 좀 더 친근하게 지내고자 공장 강당 및 운동장을 결혼식장으로 개방했다. 식장은 물론 웨딩드레스 사진 촬영도 무료로 이용케 하였으며 나중엔 주례를 무료로 서주기도 했다. 과연 누구를 위한 기업인가? 하고 회의에 젖을 뻔한 조치이지만 문턱을 낮추고 다가서는 경영의 참 모습에 가슴이 뭉클해진다. 보통 기업에서는 외부인이 들락거리면 회사 재산의 멸실은 물론 산업 기밀이 유출될 염려가 있어 꺼리나 박 회장은 그런 일쯤 사소한 것으로 보아 아랑곳하지 않았다. 이건 사기업이라기보다 숫제 공기업, 공적 기관으로써 지역사회에 봉사하려는 진솔한 자세이다.

외국에서는 CEO가 직원들과 식사를 한다든가 엄청난 부자인 워렌 버핏처럼 아이오아주의 40년 된 집에서 아직도 산다는 등의 이야기가 종종 들린다. 가령 세계 최고 부자인 아만시오 오르테가도 본사 구내식당에서 직원들과 점심식사를 하며 구석 테이블에서 디자이너와 상담한다 해 화제가 된 일도 있다. 그는 빌게이츠를 제치고 세계 부호 1위에 오른 스페인 인디텍스그룹 창업주이며 1975년 세운 ZARA를 비롯 10여개 브랜드를 거느린 795억 달러의 최고 부자이지만 14세에 돈벌이에 나선 초심을 잃지 않고자 몸을 낮춘다는 것이었다.

미국에서는 카네기 이후 갑부는 검약과 기부가 미덕으로 자리 잡았다는데 우리나라만은 엇박자로 갑질만 하니 선량한 리더십도 덤터기로 욕을 먹는다. 가까이 세계 23위인 홍콩의 리카싱도 검은 뿔테 안경에 손수 차를 운전하고 소탈하게 지내는 걸로 소문났다. 기부도

1조 6천억 원 이상이나 했고 살아 있는 동안 재산의 1/3을 기부하련다는 이야기다. 우리나라에서는 드물게 박승복 회장만이 직원들과 일심동체, 함께 함으로써 '노사가 함께' 하는 아름다운 모습을 연출하지 않았을까 싶다. 직원은 너와 나가 아니라 우리이기 때문에 아픈 직원이 있으면 개인적으로 불러다 묻고 약과 좋은 음식을 챙겨주었다. 가족 중 중병을 앓는 이가 있으면 회사 차원에서 돌보았으며 직원 가족 중 암환자가 4명이었는데 회사가 돌봐 완치시켰다.

사장으로 재직 시에는 생판 모르는 이가 찾아와 등록금이나 병원비가 없다고 빌려달라면 임원들과 상의해 도와주었다. '얼마나 절실하면 자기한테 찾아 왔을까?' 라는 측은지심이 작용한 때문이었다.

돈을 버는 기업인이건만 정작 사장인 자기는 양복, 넥타이 및 구두 등을 최소한 10년 이상 사용하는 검소함을 보여주었다. 바지를 오래 입어 무릎에서 광채가 난다고 직원들로부터 핀잔을 들어도 닳았을지언정 옷을 버릴 수 없어 깨끗이 입었다. 마치 저우언라이가 해외 출장 시 반드시 옷 수선공을 데리고 다니며 기워 입고 손질해 입었다는 이야기와 같이 엄청난 감동을 주는 참경영인의 위대한 모습이다.

직원을 가족으로 대우하니 노조와의 갈등은 있을 리 없고, 실제로 단 한 번도 없었다. 전국에서 파업이 없는 노조로 유명하며 매사를 대화로 풀어갔다. 더욱이 급료를 파격적으로 지급하니 어느 누가 감히 불만을 가질까. 가령 전 직장에서 9만원을 받았다면 샘표간장에서는 125,000원을 지급하였으니 황공해서라도 입을 꾹 다물고 회사를 사랑할 수밖에 없었다. 한편 대부분의 노사갈등이라든가 경영주에 대한 불만은 어느 한 쪽만 정보를 보유하는 '정보 비대칭(Information asymetry: 이해당사자 쌍방 중 어느 한쪽만 특정의 정보를 보유하는 현상)' 으로 인한 다툼이자 갈등인데 박 회장은 경영지표를 쾌히 직원들에게 공개해 정보를 공유했다. 1990년대 서두칠 사장이 자본잠식 상태인 한국초자전기(주)에 발령받아 경영정보를 공개하며 경영 현안을 항상 함께 논의한 결과 흑자기업으로 전환시킨 사례를 듣고 놀란 기억이 생생하다. 하물며 흑자기업인데도 공개한다는 건 대단한 결단이고 투명경영을 지향하는 선진경영이자 글로벌경영이다.

한편 대를 이은 아들 박진선 사장은 행복한 회사를 지향하는 경영을 실행하고 있는데 직원들에게 컴퓨터와 핸드폰으로 안부를 전하고 애드리브 토크라고 직원들과 직접 만나 이야기를 나누는 기업문화를 조성하고 있다. 표현과 방법만 다를 뿐 역시 부전자전으로 사람을 아끼고 존중받는 기업으로 자리매김하고자 애쓰는 참경영인의 자세이다. 참으로 보기 드문 모범경영이다. 샘표식품은 이익 추구에 여념이 없는 영리기업이라기보다 행복은 물론 자기실현을 함께 추구하는 경영의 아니 자본주의의 이상향을 추구하는 기업이다.

흔히 갑질로 명성을 드날리거나 회사가 피폐해지고 어려운 상황임

에도 임금 투쟁만 일삼는 기업들의 몰골에 비춰 파라다이스가 따로

없을 듯하다. (박승복, 장수경영의 지혜, 청림출판)

2. 주목받는 리더십

진정한 리더십이란 무엇인가? 역사적으로 빼어난 리더십이 많지만 영국인 어니스트 섀클턴(Earnest Shackleton)은 참으로 위대한 리더 이자, 동양사에선 도저히 나타날 수 없는 리더십이기에 잠깐 살펴볼 까 한다.

나는 섀클턴을 처음 대할 때 '과연 사람이 맞는가?' 라는 무한한 회 의에 휩싸였다. 남극 대륙, 바로 남극점에 도달하기까지 최초를 꿈꾸 는 많은 탐험가들의 경쟁이 일었을 때 최초는 아니나 평생 네 번에 걸 쳐 남극에 도전하며 커다란 발자취를 남긴 섀클턴은 참으로 엄청나 다. 정녕 신이 아닌 인간의 이야기인가 의아할 만큼 상상조차 두렵다.

남극은 요즈음 유럽으로 가는 뱃길로 더 가까워진 북극과 달리 98%가 얼음으로 뒤덮인, 지구상 육지 표면적의 9.3%에 해당하는 큰 대륙으로 연평균 기온이 영하 49.3℃이며 최저치는 영하 89.2℃라고 한다.

어니스트 섀클턴은 남극점 정복 대신 자그마치 러시아보다 약간 적은 1,400만km²의 거대한 남극대륙의 횡단에 도전하기로 마음먹었다.

남극점 정복은 이미 1911년 노르웨이의 탐험가 아문센이 이루었기 때문이다. 1914년 12월 5일 그는 27명의 대원과 남극 대륙의 횡단을 위하여 인듀러언스(Endurance)호의 닻을 올리고 출발 기지인 사우스 조지아 섬을 출발하였다. 불행하게도 탐험대는 상륙지 150km를 앞두고 남극의 얼음 바다에 갇히게 된다. 98%가 얼음으로 뒤덮인 남극은 대륙, 연평균 기온이 영하 49.3℃. 갑자기 날씨가 추워지며 얼음들이 얼어붙어 배가 옴짝달싹 꼼짝 못하게 되었다. 결국 배는 해류를 따라 덧없이 흘러갈 수밖에 없는 상황이었다.

시간이 지나며 식량도 바닥나고 얼음은 점점 두텁게 배를 조여 왔다. 다행히 무인도에는 펭귄이 많아 급한 대로 식량 문제는 해결해나갈 수 있었으나 생존을 위한 처절한 싸움은 이때부터 시작이었다. 절망의 상황에서 9개월가량 얼음과 함께 표류하던 중 1915년 11월, 결국 인듀런스호는 얼음을 견디다 못해 부서지며 바다 밑으로 가라앉고야 말았다. 영하 55도의 얼음바다, 불교에서 말하는 무간지옥에 견줄까. 이 상황을 탈출하기 위해서는 출발지인 사우스 조지아 섬에 구원을 요청해야 하는데 무려 1,300km나 되는 먼 거리이었다. 결코 포기 할 수 없었던 새클턴은 과감한 도전에 나선다. 성공 확률은 0%에 가까웠지만 22명의 대원을 남겨두고 다섯 명의 대원과 함께 구명보트 한 척으로 죽음을 무릅쓰고 항해에 나섰다. 얼음바다에서 헤맨지 1년 여, 꼭 634일 만인 1916년 8월 30일 드디어 소설처럼 전원 무사히 구조되어 돌아가는 배에 오르는 장거를 이루었다.

새클턴은 오직 강한 긍정마인드로 무장해 헌신적인 리더십을 발휘하였다. 극한의 어려움을 극복하고 무너지지 않는 리더십은 큰 힘이되었다. 대원들은 극한의 상황 속에서도 구조선이 도착하는 꿈, 대원모두 살 수 있다는 꿈, 가족과 난로 앞에 모여 앉아 있는 꿈을 결코버리지 않았다. 아문센은 "나는 새클턴이 그처럼 형편없는 장비로 그와 같은 일을 해냈다는 사실에 경탄을 금할 수 없다. 만일 내가 그와같은 상황이었다면 포기하거나 살아 돌아오지 못했을 것이다. 새클턴의 용기와 결단력, 그리고 대원들을 이끄는 리더십은 위대하다" 고...마치 아우슈비츠 감옥에서 살아나겠다는 꿈을 버리지 않은 빅터 프랭클처럼 꿈을 버리지 않았기에 기어코 살아 돌아왔다.

얼음바다에서 634일이라면 짧기나 한가, 나 같으면 온기 가득한 텐트 안에서 김치와 함께 따뜻한 밥을 지어먹으며 견딘다 해도 2년에가까운 세월은 도저히 못 견딜 일이다. 이보다 더한 지옥이 따로 없다 할 극한 상황이다. 새클턴이 보여준 불굴의 의지와 끈기, 감동의 리더십은 젊은이들에게 엄청난 교훈을 준다.

요즘 젊은이들은 결핍이 결핍되었다고 말한다. 그러기에 오직 학교만 오가고 따뜻한 집안에서 영양 가득한 식사를 제공받으며 견뎌야 하는 1년간의 수험생활도 힘들어 한다. 당연히 섀클턴의 이야기가 픽션이라고 고집한다.

나는 아들이 사막에 홀로 떨어져 남더라도 살아남을 만한 인내와 의지를 지녀야 한다는 생각으로 나름의 담금질을 겪게 했지만 별로 효과가 없었다. 대신 군 전방부대가 다소나마 내가 못 다한 부족분, 바로 결핍을 잘 다스릴 체질로 개선시켜준데 대해 고맙게 생각한다.

그런 까닭으로 학생들을 코칭할 때면 예외 없이 섀클턴의 극적인 인내심으로 무장된 탁월한 리더십을 함께 토론하고 이슈삼아 질문하곤 한다. 긍정의 사례나 위대한 리더십은 허다하지만 섀클턴만큼 많은 감동과 성과를 거두는 예는 없었다. 자살할 지경에까지 이른 학생 또는 여러 달 입원 가료가 필요할 만큼 어깨가 축 쳐져 포기를 넘어 곤죽이 된 학생도 섀클턴의 이야기엔 감동하고 놀랍게 변화한다. 대단한 리더십이었다.

3. 이류의 성공 리더십

　세상에는 일류만이 항상 일류로 내달리라는 법은 없어 이삼류에게도 희망이 있다. 유방은 서민 출신이었음에도 귀족 출신인 항우를 꺾어 천하를 제패했고 사마의 역시 그렇다. 우리나라에는 뱃놈 왕건이 삼국을 통일했다. 왕건은 콤플렉스가 있는 궁예 밑에서 몸을 낮추었기에 고려 왕좌를 차지할 수 있었다. 무력으로는 견훤을 못 당하지만 왕건은 빼어난 리더십으로 후삼국 통일의 대업을 이룩했던 것이다.

　일본도 전국시대에 귀족이 아닌 농민 출신인 도요토미 히데요시가 천하를 제패한 사실은 널리 알려진 일이다. 다음엔 자기보다 출신이 천한 그 도요토미 히데요시한테 머리를 굽히고 허리를 구부려 공손하게 2인자의 자리를 지키다 종국에는 일본 천하를 거머쥔 도꾸가와

이에야스의 처신도 크게 빛난다. 근세에 이르러 명치유신은 상급무사도 아닌 하급무사 출신인 사카모도 료마가 방아쇠를 당겼으니 항상 승자는 일류가 아님에 놀란다. 2인자의 자리는 참으로 처신이 어렵다. 중화민국의 건국 2인자 주은래가 그 처신의 모범을 보여주었다. 그는 프랑스 유학파로 모택동보다 학력도 높고 두뇌가 뛰어났음에도 항상 2인자의 위치를 벗어난 적이 없다. 걸을 때에도 모주석보다 반보 뒤를 지키는 데 한 치도 벗어남이 없었다.

　멀리 삼국지에는 무수한 영웅들이 등장한다. 우선 유비, 조조, 손권의 삼국이 정립했지만 그중 아무도 삼국 통일의 위업을 이루지 못하고 퇴장했다. 세월이 흐르긴 했지만 천하는 삼국시대 2류, 선두주자가 아닌 2위권의 사마의가 기초를 닦은 위에 그의 손자 사마염이 이룩한다.

　'자기통제의 승부사' 라 일컬어지는 사마의, "자기를 이기는 자만이 승리한다" 고 말하는 그의 리더십은 멋있고도 지혜로웠다. 사마의의 아들은 중달인데 그가 활동한 시기는 적벽대전 20년 이후로 조조, 유비, 관우, 장비가 모두 죽고 없는 때이었다. 그는 삼국지 후반부에 등장했고 호적수이자 맞수는 바로 제갈공명이었다.

　자오위펑은 두 사람을 일러 '우주에 떠다니는 두 행성' 이라 부르기도 했고 기산이라는 지역에서 그야말로 용쟁호투의 격전을 벌려 더 유명해졌다. 재미있는 예로 서성을 공략할 때 제갈량은 병력이 고작

2,500명, 사마의는 자그마치 15만 명이었다.

숫자로 보아 공명은 게임이 안 되는 약세, 막말로 '새발의 피' 이었다. 규모로는 갓난 애와 거인의 싸움으로 비교되듯 이른바 '~깜조차' 되지 못했다. 이에 공명은 문을 활짝 열어 놓은 성 안에 불과 20여 명의 병사가 빗자루로 마당을 쓸고 있는 가운데 정작 제갈량 본인은 두 명의 동자와 더불어 느긋하게 거문고를 뜯고 있는 기계(속임수)전략을 채택하였다. 마치 잘 꾸민 한편의 연극 무대와 같은 광경이라고나 할까.

형세가 불분명하고 정확한 판단을 내릴 수 없을 때에는 절대로 경솔하게 손을 쓰지 않는다는 사마의의 전략은 어떤가? 의심이 많은 사마의를 감안해 공명은 그런 전략을 짰던 것이다. 아니나 다를까? 사마의는 "이상한데... 뭔가 잘 못 되었구나?" 라고 고개를 갸우뚱거렸다.

만일 공성 후 제갈량을 생포하고 성공하면 100점이지만 무슨 계략이 있을지 모르니 그대로 철수하면 90점인 상황이었다. 90점은 노력으로 가능하지만 100점은 운도 따라야 한다.

최고를 추구하는 것은 오히려 최고의 적이라는 사마의의 원칙에 따라 서성을 철수한 후 공명의 기계에 속았다는 사실을 알고 그 유명한 "나는 공명에 미치지 못하는구나" 를 읊었다.

그럼에도 최후의 월계관은 사마의가 썼으니 바로 '자신을 이기는 자가 최후의 승자가 된다' 의 대표적 본보기이다.

사마의는 ① 황제의 시기심 ② 부하들의 불복 ③ 주위에는 몰래 고 자질 하는 사람들로 가득한 온갖 장애 속에서 자기를 지켜야 했다.

전쟁은 바로 촉과의 전투만이 아니라 한편에서는 제갈량과의 싸움이었고 다른 한편에서는 자신의 보스이자 의심이 많았던 조조와의 싸움이었다. 조조는 쉽게 다룰 수 있는 주군이 아니었다.

그야말로 모시기 힘든 보스이었다. 너무 잘 하거나 뛰어나도 꼭 좋을 리 없고 잘 못하면 운수 사나운 꼴을 당할 수도 있었다. 총명하기 짝이 없던 양수의 죽음이 이를 말한다. 두뇌가 뛰어난 그는 오늘날 회계직인 주부를 맡았으나 조조가 암호로 계륵(닭의 갈비뼈로 이익은 없고 버리기는 아까운 현상)으로 정하자 철수하라는 뜻이라 말해 주군의 속내를 귀신같이 드려다 본다고 찍혀 참수 당하였다.

그러기에 '사마의' 저자 자오위펑(박찬철 역)은 사마의의 상황을 일러 '화로를 머리에 이고 쇠위를 걷는 입장' 이라고 표현하였다. 그의 잠언 중 첫째 '군왕을 모실 때에는 호랑이를 옆에 둔 것처럼 하라.' 이다.

문제는 사마의가 모신 호랑이의 성질이 매서우며 소통하기 어려운 인물들이었다는 점이다. 보통 호랑이가 아니라 조심하지 않으면 머리통이 날라 갈 수 있는 맹수 중 맹수이었다. 이런 상황에서 사마의는 잘 처리해나갔다. 보스와의 관계가 뛰어났고 남보다 한 수 높은 책략과 지혜를 발휘하였다. 요즘 젊은이들 가운데는 상사와의 소통과 관계 때문에 이직하는 사례도 많다는데 사마의야말로 상사관계의 달인, 위대한 스승이다.

조조를 위해 일한다는 건 호랑이의 엉덩이를 쓰다듬는 일이나 같다고 저자는 말한다. 제대로 쓰다듬어도 죽고 잘 못 쓰다듬으면 더욱 흉하게 죽을 수 있다. 특히 그는 당시 유행했던 관상에서 낭고상이라는 배신상을 타고 났기에 주인인 조조는 항상 색안경을 쓰고 바라보았다. 그로 인해 조조뿐만 아니라 4대를 잇는 조씨 집안으로부터 집중적인 견제를 받는 빌미가 되었다.

그는 ① 성실하게 땀 흘리는 전략을 구사하고 ② 다리를 놓는 전략으로 조조가 신임하는 사람들의 도움을 받아 자신의 신인도를 높이고 ③ 끊임없는 자기 암시를 통해 사마의는 '이긴다' 라는 필승의 신념을 기르며 패배 의식을 극복해나갔다. "콩 심은데 콩 나고 팥 심은데 팥 난다. 용은 용을 낳고 봉황은 봉황을 낳고 쥐새끼는 굴만 팔줄 안다" 는 잠언을 통해 자신을 무장했다.

그 결과 조조와 양호한 관계를 이룩하였는데 절대로 재능을 드러내지 않으며, 마음 속으로 불평하지 않고, 근신, 근면, 인내하면서 의심형 보스의 인정을 얻는 멀고도 먼 길, 험한 계단을 기어코 올라갔다.

다음 조비가 등극하자 41세의 사마의는 한 계단 한 계단씩 상승해 보다 높은 직에 올랐다. 하지만 그는 더욱 근신, 언제나 벌벌 떨면서 깊고 깊은 연못가에 임하는 심정으로 처신해 살아남았다. 마치 살얼음 위를 걷는 듯 조심스런 처신을 잘 해냈다.

성공은 마음에서부터 시작된다고 말하면서 "죽은 제갈량이 산 제갈량(사마의)을 달아나게 한다." 는 비웃음의 말이 떠돌아도 절대로 격분하거나 의기소침하지 않았다. 요샛말로 가짜뉴스가 판을 치고 괴롭혀도 일체 동요되지 않았다는 의미이다.

"난 산 사람을 헤아리는 사람이지 죽은 사람을 헤아리는 사람이 아니다" 라고 말하며 가동할 수 있는 조직의 역량을 동원해 악플의 소스를 조사하려 시도조차 않았다. 제갈량은 문을 굳게 닫고 나오지 않는 사마의에게 "대장이나 되어 영채에 숨어 싸우지 않는 것은 여인네와 같은 행동이다. 특별히 여인네의 머리 장식과 소복을 보내니 싸우지 않으려거든 그 옷을 입어라" 고 야유했음에도 미동도 않았다. 그는 다른 사람이 비웃고 욕을 해도 마음을 졸이지 않았다.

용서하지 못 할 것을 용서하고 이해하지 못하는, 이해않는 것도 받아들일 수 있어야 진정한 리더가 된다는 신념이다.

사람의 마음이 모이면 태산을 움직일 수 있고 사람의 마음이 흐트러지면 아무 것도 할 수 없다. 또한 순풍이 불 때 큰소리치며 과감하게 나가는 것은 능력이라 할 수 없다. 역풍이 불고 운이 나쁠 때 평소의 마음을 유지하며 정확히 출로를 찾고 위기에도 어지럼을 느끼지 않는 것이 바로 리더의 능력이라는 것이다. 사마의의 잠언 및 철학은 그야말로 2인자 리더십의 바이블이다.

4. 못났기에 다행이었네

나는 역사적인 여성 리더십의 대표 주자로 16세기 프랑스 왕 앙리 2세의 왕비 카테리나 데 메디치를 존경한다. 그녀는 박색으로 이름났다. 박색이란 표현으로도 부족할 만큼 어지간히 못났던 모양이다.

키가 작고 뚱뚱한데다 개구리처럼 눈이 튀어나온 외모를 지녔다. 왕이 사고로 40세에 죽자 사랑하는 남편을 위해 복상한다는 의미로 화려한 비단 옷 대신에 검은 옷만 입어 '검은 왕비'로 알려졌다.

앙리2세는 카테리나가 못 났지만 고귀하고 기품이 있어 멀리 하지는 못했다 한다. 그런 까닭으로 자녀를 무려 10명이나 두었다. 왕은 연상의 애첩 디안을 끼고 살았는데 그녀는 물론 왕 주변의 어느 누구도 피렌체의 시골뜨기에 못 생긴 카테리나를 경쟁상대로 여기지 않았다. 그것이 결국 살아남는 모태가 되었다. 가정이지만 만일 세기의

미인쯤 되는 용모이었다면, 마치 눈이 쌓이고 또 쌓이는 만년설처럼 교만의 두께가 동공을 덮어 세상을 왜곡되게 바라보거나 별안간 어느 귀신이 잡아 갈지 상상조차 힘들 것이었다.

그녀는 "군주는 선의와 관용, 자비심, 공정심, 그리고 정의감을 갖고 있다는 평판을 들어야 한다" 라는 마키아벨리의 주장을 늘 마음속에 간직하며 귀족이 아닌 피렌체 유명 금융가인 메디치가의 출신이지만 본심을 좀처럼 드러내지 않는 신중함으로 견뎌왔다. 마키아벨리의 충실한 제자로 상냥하고 겸손하며 공손함을 잃지 않으려 노력했다.

카테리나는 "하녀하고 놀아라" 는 굴욕과 모욕을 참아왔고 그녀의 파란만장한 삶은 인내와 끈기의 연속이었으며 마침내 승리하였다.

디안은 못된 짓만 해 프랑스 백성들의 비난이 높았음에도 그녀는 결코 디안에게 복수하지 않았다. 섭정왕후가 되어 절대 권력을 거머쥔 카테리나가 디안을 부르자 그녀는 파랗게 질린 채 엎드려 몸을 부들부들 떨며 왕후의 표정만 살피는데 "이제 프랑스의 섭정왕후가 된 나 카테리나는 디안, 너를 용서하노라! 여기 죽어가는 내 남편이 너를 사랑했기에 나도 너에 대한 사랑을 변치 않고 이어가겠노라" 라고 청천벽력과 같은 말로 이제까지 최대의 무기로 삼아왔던 관용, 관대함을 맘껏 베풀었다.

바야흐로 세계가 놀라고 역사가 놀랐으며 나도 놀랐다. 유명한 유방의 부인 여후가 연적인 척부인을 어떻게 괴롭혔는지가 잘 알려진 마당에 그녀의 포용력은 마치 바다와 같이 넓고 양털처럼 부드러웠다. 과연 얼마나 도량이 넓은 리더십인가? 는 우리네 정치 상황에 비추면 알 수 있다. 후궁인 디안에게는 꿈인지 생시인지 종잡을 수 없는 단 한 마디 선언으로 그만 목숨이 보장되는 순간이었다.

그 자리에서 디안의 목을 무우 베듯 한 칼에 칠 수도 있었으나 쩨쩨하게 여자 한 명을 죽여 과거에 입은 상처를 분풀이하는 것보다 더 큰 일이 있음을 깨달았을 만큼 현명하였다. 그건 바로 보복이 아닌 이제까지 지녀온 가치인 자비를 베풀어 프랑스 국민의 마음을 얻는 길이었다. 참으로 위대한 '똘레랑스(관용)' 이었다.

대부분 간장종지의 리더십이라면 그녀는 드럼통 같은 통큰 리더십의 대표 주자이다. 검은 왕비는 그야말로 일의 경중을 정확하게 파악하는 혜안을 지니고 있었다. 그녀의 항상 의연함을 잃지 않고 시련과 외로움 속에서 때를 기다리는 리더십은 마침내 결실을 보았고 무려 30년간이나 지배자로 군림하였던 것이다.

세 아들은 국왕이 되었으며 며느리는 스코틀랜드의 여왕 메리, 오스트리아의 공주 엘리자베스 피렌체공화국의 왕족 마리아이다. 또한 사위는 스페인의 국왕 펠레페그 2세로 모두 거물급이다.

이와 같이 유럽 주요 국가의 지배권을 손아귀에 쥐면서 16세기 유럽의 역사를 이끈 천하의 여걸이었다.

오늘날 한국 최초 여성대통령의 말로를 보면서 카테리나에게 뜨거운 감동과 존경의 염을 금할 길 없다. 외모지상주의 때문에 열등감에 사로잡혀 있는 여학생들도 카테리나 이야기를 들으면 금새 얼굴이 밝아지고 희망을 갖게 하니 그저 놀랄 뿐이다.

5. 한국적 리더십의 성공

　정치학자도 아닌 내가 한국적 리더십을 논의하기란 건방진 이야기다. 역사학자도 아니라 사료를 접하지 않는 상황에선 더욱 힘들다. 역사상 위대한 리더십은 많기도 많은데 왕으로는 질문과 토론을 아끼지 않는 세종대왕을 필적할 분이 없을 듯하며 정조대왕도 뛰어난 리더십의 왕으로 꼽지만 너무나 잘 알려져 굳이 재론할 필요가 없다고 본다.

　외국의 예처럼 왕족이 아닌 민간 출신의 재상이라든가 장군을 찾아봐야 하는데 사마천의 사기열전과 같이 재상 급 정치가의 리더십은 별로 알려지지 않았지만 후삼국을 통일한 왕건과 충무공을 지나칠 수는 없으리라고 본다.

평민 출신으로 제왕에 오른 왕건이야말로 정녕 위대한 리더십의 소유자가 아닐까 한다. 김성한 선생은 "왕건은 항상 참을성 있게 각자의 의견을 듣고 나서 단안을 내리었다" 고 말한다. 그는 코칭에서 강조하는 경청의 황제이었다. 덕이란 선천적으로 타고날 수도 있으나 수양을 쌓음으로써 체득할 수 있는 정신적인 품격이다. 인간은 여든 살에 이르러도 칭찬하면 좋아하고 비판하면 싫어한다. 사소한 것이라도 뺏으면 화내고 주면 좋아한다. 그럼에도 불구하고 왕건은 고을의 하찮은 장군에게도 머리를 숙이고 비위를 거스른 일이 없었다.

최선의 길은 싸우지 않고 이기는데 있다는 것이 왕건의 신념이었다. 바로 썩어가는 생선이 좋은 냄새를 피운다고 다시 싱싱해질 것 같으냐? 남을 죽이는 자는 남의 손에 죽게 마련이라는 생각이었다. 한 술 더해 왕건은 쌀 절반에 콩과 보리를 섞어 먹는 검소한 생활을 유지했으며 부하들 앞에서도 기꺼이 실수를 인정했고, 여간해서는 큰 소리치지 않으며, 잔소리를 하는 법이 없고, 마구 뒤흔들어도 따귀 한 대 때리지 않고, 슬슬 피하기만 했다.

불출(못난이 또는 바보)이라고 치부하고 마음대로 활개를 치고 살았는데 지금 생각하면 그렇게 무던한 사람도 없는 게 아닌가. 마음은 날이 갈수록 좋은 쪽으로 기울어갔다. 왕건은 사람을 잘 꼬이는 재주가 있다는 평이었지만 좋게 보면 신중하고 달리 보면 우유부단한 듯하나 참 리더십의 귀감이 아닌가 싶다.

"어찌해 시중이 됐는데 잘 살펴주십시오. 여러분의 판단이야말로 현명하고 참을성 있는 것이지요. 저 같은 것이 미칠 바가 아닙니다" 라고 말하니까 "시중 어른은 언제나 겸손하다니까" 라고 두둔한다.

그는 절대로 앞에 나서지 않고 화합을 강조하였다. 궁예가 정신 착란으로 혼란을 일으켜 덕망이 높은 시중을 모시려 군관들까지 100명 가까운 사람들이 충성을 맹세하자, 왕건은 인생의 밑바닥에서 올라온 사람들의 순박한 행동에 가슴이 뭉클했다. "자네가 용상에 앉을 줄은 몰랐네" 라는 유지들의 말에도 웃음을 잃지 않고 응대했다.

"되다 보니 이렇게 되었습니다. 잘못이 있으면 언제든지 불러 꾸짖어 주십시오!" 라고 말이다. "그런 마음씨를 간직하면 실수는 없을 거야" 라고 답하자 "원로 여러분을 사부로 모실 생각일 뿐 신하라고 생각해 본 일이 없습니다." 라고 대꾸했다.

왕후 유부인 역시 "당신이 어디 힘으로 왕위에 올랐나요? 덕으로 추대를 받은 것이니 무기는 덕이예요. 그 무기를 활용하면 되잖아요" 라고 확인해주기도 했다. "각각 제일 시급하다고 생각되는 문제부터 말씀해 보십시오!" "지금은 온 나라 온 백성들이 화합해서 평화로운 나라를 건설할 때가 아니겠소? 가급적 피를 흘리지 않고 누구나 안심하고 살 수 있도록 만들자는 것이 내 생각이니 모두들 명심해주시오!" 라고 강조했으며 검을 손에 쥔지 무려 40년의 기다림 끝에 475년 고려 왕조의 기틀을 닦았다.

한편, 충무공의 리더십에 대하여는 임원빈이(이순신-승리의 리더십)에서 잘 정리한 바 있다. 그는 충무공의 리더십을

1) 이성 공감형 리더십,

2) 감성 공감형 리더십,

3) 솔선 수범형 리더십,

4) 인격 화합형 리더십으로 잘 분류해 설명하면서

"결국 고결한 인격이 나라를 구했다" 고 주장하였다. 이순신의 위대한 리더십이야말로 제왕에 이르진 않았으나 대표적인 한국적 리더십이라 판단한다.

충무공의 리더십은 엄청난 열세이지만 기어코 '승리한다' 라는 강한 긍정마인드로 백전백승의 전과를 거둔 예이다. 혼을 불사르는 이 정신이 세계 역사상 4대 해전 중의 하나인 한산도 대첩을 낳았던 것이다. 충무공은 부하들과 늘 소통 및 수평적 관계를 잘 유지하고자 애썼으며 항상 긍정에너지를 공급하는데 주력했다. 충무공의 긍정마인드는 전천후 마스터키로 작용했음에 놀랍다.

유필화는 "부하 장병들의 마음을 어루만져 주며 그들의 어려움을 해결해 주기 위해 언제나 적극적으로 나선다. 겸양의 미덕이 몸에 배지루할 정도로 부하들의 공적을 상세히 적어 보고하는 수고를 아끼지 않았다" 라고 주장한다.

한편, 준엄한 지휘관으로 엄격한 자세를 철저히 견지하였다. 무기가 깨지고 헐어서 쓸모없게 된 것이 많아지자 관련자인 색리와 궁장, 감고들을 처벌했다. 각 배에서 양식을 도둑질해간 자들도 처형하였다.

훈련원 시절 병조정랑 서익이 인사 청탁을 하자 단호히 거절하였으며 발포 만호 시절 직속상관인 전라좌수사 성박이 거문고를 만든다고 관청 뜰에 있는 오동나무를 베어 가려 하자 "관청의 재산이므로 사사로이 벨 수 없다" 고 못 베게 막기도 했다. 임금의 명령이라 하더라도 이치에 어긋나면 당당하게 자신의 의견을 말하곤 했다.

그 당당함은 모함을 받아 불이익을 받을 때일수록 더 빛났다. 원균의 농간에 놀아난 선조는 이순신을 해임하고 원균을 3도 수군통제사로 발령한다. 이어 역적죄 등의 황당한 죄목으로 체포, 압송돼 수감되었다. 석방 시까지 온갖 고초를 다 겪었고 수군통제사로 발령받을 때까지 백의종군하였는데 어떤 원망도 않은 채 의연하게 견뎌냈다.

"죽고 사는 것은 천명이니 죽게 되면 죽는 것이다" 라고 말할 뿐이다.

진린은 성질이 고약하기로 악명 높은 명나라 장수임에도 정유재란 때 5,000명의 병사를 이끌고 오자 수십 리 길을 마중 나가 그를 맞이하였으며 잔치를 베풀어 환영하였다. 이어 명나라 수군이 이렇다 할 좋은 성과를 거두지 못하자 자신의 부하들을 크게 책하였고 진린에게 상자를 보냈는데 놀랍게도 왜군의 머리가 들어 있었다.

장군은 실로 도량이 대양같이 넓은 지도자이었다. 진린은 선물인 왜군의 머리를 실적으로 삼아 전과를 보고하면서 당시 신종황제에게 이순신을 극찬하는 보고서를 올렸다.

"폐하! 조선 전란이 끝나면 조선의 왕에게 명을 내리셔서
이순신을 요동으로 오게 하소서.
제가 본 이순신은 지략이 매우 뛰어날 뿐만 아니라
장수로서 지녀야 할 덕목을 고루 다 지녔습니다."

후일 이순신 장군의 시신을 수습해 장례를 치른 주인공은 바로 명나라 수군 제독 진린 장군이었으니 관계의 하이라이트가 아닌가.

전남 해남지역에 뿌리를 내린 진린 장군의 후손은 오늘에도 광동 진씨 집성촌을 이루고 있다. 명나라가 망하고 청나라 때 조선에 들어온 진린의 손자를 시작으로 이곳에 뿌리를 내렸고 전남을 비롯해 국내에는 두 장군의 우정과 한·중 우호 관계를 엿볼 수 있는 흔적이 여전히 남아 있다고 전해진다.

6. 리더십은 가방끈에 비례하는가

유희경은 신분 차별이 극심한 이조시대 노비의 아들로 태어났다.

어린 나이에 부친 사망, 어머니는 지나치게 슬퍼하다 똥오줌을 받아내야 하는 환자가 되었다. 하인이라는 상민계층의 사람들은 쥐뿔도 아닌 양반가에 머리를 제대로 들지 못하였다.

어릴 때 어렴풋한 기억으로 하인들이 머리에 수건을 질끈 동여매고 가마를 메는가 하면 잔칫집마다 빠짐없이 나타나 심부름을 도맡아 하고 새파랗게 젊은 양반 친구들의 반말지거리에도 대항 못하는 천민의 모습이 딱했었다. 대부분 산막(산속에 간단히 지은 집)에 살거나 정히 못 견디면 멀리 타향으로 이사갈 만큼 천대받고 인간 이하의 취급을 당하곤 했다. 그런 계급이 노비다.

유희경은 아버지의 주검을 묻기 위해 묘를 쓰려했으나 권세가의

종들이 가로막았다. 간신히 무덤을 썼으나 천애고아가 되었다. 그러나 그에게는 빛나는 후반전이 있었다고 서신혜는 말한다.

물론 유희경에 앞선 세종 때 동래부사 노비인 장영실의 발탁이 있긴 하나 이조 때 신분은 절대 풀리지 않는 족쇄임에도 예외적으로 그는 거듭 승차한 끝에 한성부 판윤(오늘의 서울시장)에 추증되었다.

이유는 상례, 사망 시의 예법에 밝았기 때문이다. 오늘로 말하면 장례전문가이다. 당시 양반들 중 상당수가 상례를 어떻게 해야 하는지, 상복은 어떻게 지어야 하는지조차 알지 못했다. 주자가례의 내용이 어려워 제대로 이해하는 사람이 없어서이었다. 요즈음엔 상조회나 장례식장의 장례사들이 전담하지만 얼마 전까지만 해도 친척 중 경험 많은 분이 유교식으로 주도했었다. 조선시대에는 예학에 밝아 상장례를 주관하는 사람이 절대적으로 필요한 상황이었다. 임진왜란 전후 여러 양반 사대부들 집안의 상례를 도맡아 처리한 사람은 유희경이었다.

유희경 역시 부친의 묘 옆에 초막을 짓고 3년간 시묘살이를 하면서 밤낮으로 곡하고 몸소 흙을 등에 져다가 무덤에 계단을 만들고 매월 첫날과 보름에만 집으로 돌아와 신주 모신 상청(궤연이라고도 함, 집안에 신주와 신위를 모시는 칸막이 시설)에 제사를 지내고 어머니를 살필 뿐이었다. 이때 수락산 선영에 다녀가던 동강 남언경이 소문을 듣고는 만나게 된다. 남언경이 보니 유희경은 참으로 기특한 아이었다.

그래서 상을 마치고 불러들여 글을 가르쳤다. 이에 노비 출신 상례전 문가 유희경이 탄생한 계기가 되었다.

유희경은 아흔이 넘는 수를 누리는 동안 모두 다섯 번에 걸쳐 왕에 게서 벼슬을 받는다. 처음 벼슬을 받은 것은 임진왜란 때 의병을 일으 켜 활약하면서 명나라를 돕는 역할을 하자 선조가 포상했고, 중국 사 신을 접대하기 위한 비용을 해결하는 아이디어를 내 두 번째 포상을 받고 공로로 통정대부의 품계를 받았다.

간신 이이첨과는 국권을 농단 전횡하기 전부터 친분이 있었으나 그 의 행실을 보고 그의 문하에 발길을 끊기도 했다. 출세의 기회이었지 만 충과 절로 거절했던 것이다. 인조반정 후 대신들이 유희경의 절개 를 보고하자 그의 품계를 올려주었고 사대부들의 공경은 더욱 두터워 졌다. 놀라운 사실은 시를 잘 지어 시기(詩妓)라 불리웠고,

"이화우 흩날릴 제 울며 잡고 이별한 님…" 이라는 시의 주인공 부안 기생, 매창이 그리워한 그 님이 바로 유희경이라 할 만큼 그는 멋진 사 나이이었다. 아무리 가방끈이 모자라도 '주머니 속의 송곳은 어느 때 이건 반드시 삐져 나온다' 는 옛말처럼 인물은 발탁되게 마련이다.

이후 나이 여든이 넘는 사람에게 벼슬을 내리는 전례에 따라 가의 대부가 되고 아들이 공신이 되면서 자헌대부 한성판윤으로 추증되 기도 했다. 유희경이 노비였음에도 불구하고 다섯 차례에 걸쳐 벼슬 을 얻고 승차하면서 다른 양반들로부터 질시받거나 배척당하지 않은

이유는 유교 이데올로기에 관련된 선전효과이었다.

첫째, 의병을 일으킨 것은 충이오,

둘째, 묘와 관련된 것은 효이며,

끝으로 광해군 때 날뛰던 이이첨 무리의 회유를 거부한 일은 절이다. 충 · 효 · 절이야말로 유교 이데올로기에서 가장 높이 여기는 가치인데 양반도 어렵거늘 하물며 천민의 행실이리까.(서신혜, 조선의 승부사들, 역사의 아침)

60년대 초등 출신으로 국세청장을 지낸 김수학씨도 주목할 만한 리더십의 본보기가 아닌가 싶다. 박정희 정권 때 일인데 그는 노력과 성실한 근무로 도지사 및 국세청장에 뛰어올랐다는 게 참으로 놀랍고 비범한 사람임에 틀림없다.

세무행정은 회계의 한 분야이나 업무가 매우 까다롭다. 법도 알아야 하고 회계도 알아야 하는 그야말로 창과 칼을 동시에 다루는 무인처럼 공부깨나 해야 이해되는 전문성이 높은 분야이다. 경영학 과목 중 대부분의 학생들, 특히 여학생들이 가장 어려워하는 과목이 회계학이니 알만하잖은가. 그런 분야를 초등 출신이 극복했다는 건 신도 까무러칠 일이다. 국세청장 때는 80노모를 모시는데도 가정부를 고용하지 않았으며 노모의 방 연탄은 손수 갈았다고 전해진다. 시절이 변했지만 노부모를 요양원에 보내는 것으로 효도를 다 했다고 여기는 세태에 크나 큰 경종을 울린다. 그는 90에 이르러도 봉사활동을 계속하기도 하는 등 검소와 모범의 선두에 섰다.

역사상 내로라 할 걸출한 지도자들이 한결같이 사치를 금하고 백성 또는 부하들과 동고동락하며 지내온 사례에 비춰 무학에 가까운 김수학씨가 고시 출신도 오르기 힘든 장차관급 고위직에 올랐으며, 수정처럼 맑고 깨끗한 처신과 함께 세기에 드문 효도는 온통 부정부패로 도배질하는 현실에서 누구보다 고준생들이 본받아야 할 롤모델이 아닐까.

7. 면접 시 회장이 되겠다는 사람은?

　미국 로저 스미스는 면접 시 회장이 되겠다고 답한 그대로 32년 후 정말로 GM의 회장이 되었다. 그는 회장이 될 사람이므로 고된 일도 마다 않고 열심히 일했다. 주어진 일들을 척척 완수하며 놀라운 재능을 발휘했다. 한번은 자회사의 현황을 보고하라는 임무를 맡고 100여 쪽에 달하는 보고서를 제출했는데 상세한 데이터에 앞뒤 맥락이 정확해 상사가 작성한 보고서보다 훌륭했다. 이렇게 회장이라는 꿈에 한 발짝 더 다가간 그는 더욱 열심히 업무에 집중했다. 드디어 회장 자리까지 오르는 인물이 되었다.

　나는 화학을 배웠으나 경영학 그 중 어렵다는 회계학으로 전공을 바꾼 데다 대기업인 SK에는 두 번이나 입사한 희한한 경력을 갖고 있다.

그 이유는 실력이 아니라 면접 시 강한 긍정마인드가 돋보인 탓이라고 생각한다. 당시 면접장에 들어서니 면접 위원이 여럿 있었고 의례적인 질문을 해 공손하게 답했다. 이어 임원인 듯한 한 분이 질문해도 좋으냐고 해 '하시라' 했다. 그러자 대뜸 "정헌석 씨는 포부가 무엇입니까?" 라고 묻는 것이 아닌가. 속으로 '세상에 이런 걸 다 묻나?' 하며 뜨악했고, 어이가 없어 실소했는데 기분이 좀 언짢은 모양이었다.

급히 정색을 하고 "죄송합니다. 면접장에서 웃으면 큰 실례인 줄 모를 만큼 바보는 아닌데 웃을 수밖에 없었음을 이해해 주십시오" 라고 답하니 "이유를 말해줄 수 있습니까?" 하고 태클걸 듯 옆구리를 아프게 찌르는 것이었다.

"그렇잖습니까? SK에 면접 온 사람이라면 그 포부가 장관이나, 국회의원이겠습니까? 예술가이겠습니까? 당연히 SK의 CEO되는 게 제 포부입니다." 재미있어 하고 미소를 띠며 당황한 듯해 "만일 CEO감이 아니라고 판단되신다면 입사가 확정되어도 그만 둘랍니다." 라고 쐐기를 친 듯하다.

오랜 40여 년 전 옛날 일이라 희미하나 그런 요지이었다. 그러자 임원인 K씨는 나에게 엄청난 호감을 갖게 되었고 미래 CEO로 키우려 한다는 말도 들렸다. 그러니 경력관리를 잘 하라고 수원에 잠깐 내려가 공장 업무도 파악하고 오라 해 몇 달 근무 중 교통도 불편한데 꼭 공장 구석에 처박혀 공돌이나 공순이와 어울려야 하느냐? 는 속 좁은 생각과 함께 직급도 불만이라 은근 슬쩍 부아가 치밀어 서울의 다른 회사로 옮겼다. 옮기고 보니 회사도 회사 나름, SK는 제법 틀이 잡힌 수준 높은 회사라는 생각을 지울 길 없었다.

거의 1년 여를 근무하다가 그 임원을 찾아가 "철이 없어 저를 키워 주려는 진정성을 믿지 못해 내뺀 실수를 용서해 달라! 만일 너그러이 받아준다면 재입사할 용의가 있다" 했더니 "오케이" 해 다시 입사 했다. 문제는 1년쯤 근무하다 교수직으로 옮기었으니 비즈니스맨의 싹은 아예 노랗고 실패한 인생임이 분명하다. 나는 기업인으로 성장하지 못한 낙오자이지만 스미스는 당당히 회장에까지 이르렀던 것이다. 만일 내가 로저 스미스의 자세로 일했더라면 회장은 아니라도 CEO는 반드시 되었을 법하다.

그때 기업은 사원의 자질로 긍정마인드를 대단히 높게 평가한다는 사실을 몸소 체험했다. 회장이 되고자 입사한 사람과 그냥 취직하는 사람과의 마인드는 비단과 낙엽의 차이만큼이나 확 다르다. 죽음의 수용소에서 그냥 기다리는 사람과 구체적인 바람, 곧 희망을 갖고 '반드시 이루어진다' 는 사람은 영판 다르다는 사실이다.

비록 망상이라도 높이 가져라! 긍정은 비록 속임수라도 좋다는 것이다. 거품이 많은 허풍에 가까울지라도 망상은 매우 긍정적이라는 것이다. 텍사스대 교수 잉 장(Ying Zhang)과 시카고대 에일럿 피시바호(Ayelet Fischbach)는 집을 짓는 과제에서 건축업자를 고용할 때 완료시까지 얼마나 걸릴지 예측하기 위한 공동실험을 실시했는데 낙관적인 사람이 더 빨리 완료한다고 보고했다. 앞서 말하였듯이 비록 망상일지라도 성취와의 관계가 크게 나타난다고 보았다. 물론 긍정적 환상을 지닌 사람이 비교적 현실적 사람들에 비해 더 큰 성취를 이루었고, 더 높은 목표를 지닌 사람의 성취가 더 높다는 결론을 얻었다.

근력실험에서 어떤 성과를 올리는 지를 알아보고자 거짓 피드백을 주었는데, 일부에게는 실제로는 약하지만 강하다고 말했고 다른 사람들에게는 강하지만 약하다고 말했을 때 과대평가를 받은 사람들이 훨씬 장시간 지구력을 나타냈다.

낙관주의는 건강에도 효과를 나타낸다고 말하였다. 긍정적인 환상을 가져도 더 건강하며 버지니아대학에서도 낙관주의와 비관주의자를 비교하니 긍정적인 사람들은 비교적 혈압이 낮고 면역기능이 양호, 심장 수술도 회복이 빠르게 나타났다.

한편, 비관주의자들은 낙관주의자들에 비해 아프다고 하는 날이 두 배, 병원을 찾는 날이 네 배 많았다는 사실에서 CEO가 될 사람은 모름지기 긍정마인드가 깃든 사람이어야 한다는 절대 진리를 명심할 필요가 있다. 무릇 긍정마인드는 삶의 마스터 키, 곧 만능열쇠임을 확인할 수 있다.

하버드대 '인생학 강의'에는 유익한 대목이 꽤 있는데 그 중 스티븐스의 이야기도 유사하고 인상적이다. 그는 취업 차 어떤 회사에 면접을 보러 갔다. 워낙 치열했던 탓에 고배를 마셨지만 면접 경험을 통해얻은 게 많다고 생각했다. 무엇보다 날카로운 질문들로 눈과 귀가 번쩍 뜨였기 때문이다. 보기 드문 예이지만 회사에 감사하는 마음을 전하는 편지를 썼는데 조금씩 잊어갈 무렵 면접을 보았던 회사로부터예쁜 연하장이 왔다. 바로 회사에서 개최하는 기념파티에 스티븐스를 초대한다는 내용이었다. 그건 정찬을 들러 오라는 흔한 초대장이아니라 회사의 한 부서에 결원이 생겨 그를 채용하기 위한 초빙이었다. 그 결과 10여 년 동안 뛰어난 업무 실적으로 회사의 부사장 자리에까지 올랐으며 그 회사란 바로 마이크로소프트사이었던 것이다.

8. 실패 리더십

중국 고전소설은 많기도 하나 대부분 매우 재미있다. 그 중 많이 읽히는 건 아마도 '초한지' 와 '삼국지' 가 아닐까 한다.

초한지는 한고조 유방과 항우의 싸움인데도 한신의 몰락이 안타깝다. 한신은 뛰어난 장수이었다. 그가 없었더라면 유방이 아닌 항우가 패권을 잡았으리라 믿을 만큼 당대 최고의 맹장이었다.

김영수 교수는 초한 전쟁에서 한신은 마음먹기에 따라 대세를 좌우할 수 있는 위치에 있었다. 요컨대 초한 2강 구도를 한신을 포함하는 3강 구도로 재편할 가능성이 다분했다고 말한다.

책사 괴통은 한신에게 천하삼분 전략을 권유했지만 한신은 결단을 못 내리다 결국 토사구팽(토끼를 잡으면 사냥개도 삶아 먹는다는 뜻인데, 쓰임새나 일이 있는 동안에는 잘 이용하나 일이 끝나면 버림

받게 됨을 이르는 말)으로 파란만장한 삶을 마감한 사실은 널리 알려져 있다. 자신은 물론 삼족이 멸하는 비극으로 끝났다. 추앙받던 명장 한신은 왜 파멸로 치달았을까.

사마천은 첫째, 유방이 자기의 능력을 두려워하고 미워하는 것을 알면서도 주군인 한고조에게 고분고분하지 않았음을 들고 있다. 그는 늘 불만을 품었다. 마치 김정은의 사주로 독살되었으리라는 김정남처럼... 주인을 떨게 할 정도로 막강한 일등 공신이 늘 불만을 토로하고 다니는데 그냥 두고 볼 주군이 어디에 있겠는가? 그가 도리를 알아 겸손한 태도로 자신의 공을 뽐내지 않고 자신의 능력을 자랑하지 않았더라면 그 공적은 길이길이 전해졌을 거라는 의미이다.

기업에서도 승진에 누락되었다고, 찍혔다고 한신처럼 투덜대는 사람이 있다. 심지어 뒷담화로 욕이나 해대고 비난 일색으로 지내는 사람이 있다. 인정·칭찬과 같은 긍정적 평가도 꼭 본인에게 전달되는데 하물며 부정적인 뒷담화는 어떨까. 비밀이 없다. 요즈음은 아무리 익명이나 가명을 사용해도 가짜뉴스나 가짜댓글은 기어코 드러나고야 만다.

신임교원을 뽑는데 임용된 K교수가 "교수님, 꼭 S대 출신이어야만 합니까?" 라고 시비조로 속내를 드러내는 것이었다. 그 의미는 자기가 들어오긴 했지만 학과가 S대 K대 파로 나뉘어 교수 채용에 작용하는 게 못 마땅하다는 항의이었다. 그러다 3년 후 만났는데 "인접대학 A교수로부터 정교수님께서 '최근 들어온 K교수가 괜찮고 사람이 좋습니다.' 라고 칭찬하더라." 는 말을 듣고 기분이 매우 좋은 듯했다.

그렇구나! 별 거 아닌 우리들의 뒷담화도 다 들려오기 마련인데 유방쯤 되는 제왕이 자기보다 센 한신의 궁시렁댄다는 사실을 모르겠는가. 당연한 한신의 말로이었다.

둘째 한신의 멸망은 주변 인물들과 적절한 관계를 이루지 못한, 관계관리의 실패가 큰 원인이라는 것이다. 같은 공신인 주발이나 관영 등이 자신과 같은 반열에 있는 것을 무척 수치스럽게 여겼다.

한번은 공신 번쾌의 집을 방문했는데 그가 "대왕께서 신의 집을 다 찾아주시다니요" 라며 극진한 예로 맞이했지만 한신은 집을 나서며 "내가 살아서 번쾌 등과 같은 반열이 되었구나" 라고 스스로를 비웃었다. 다른 공신들과 자신이 같은 반열에 오르는 것조차 견디지 못할 정도로 자만심에서 헤어나지 못했고 이것이 인간관계에도 그대로 반영되었다.

셋째, 당시의 대세가 자신에게 어떠한 영향을 미칠 것인가에 대해 충분한 성찰이 필요했다. 곧 자신이 처한 상황 속에서 자신의 역할과 위치, 그리고 형세 변화가 자신에게 미칠 영향 등을 심각하게 고려했어야 한다. 차라리 장량처럼 부귀영화를 버리고 신선이 되고자 산 속으로 잠적하든지, 월나라 구천의 수석 참모인 범려가 오나라를 멸망시킨 후 월나라를 떠나 상인으로 변신한 것처럼 신분을 확 바꾸었어야 했다. 한신의 죽음은 자신의 성격과 기질을 성찰하지 못한 데서 비롯된 비극이라는 결론이다. 그래서인지 한신의 실패는 현대인에게도 많은 교훈을 던진다.

김영수 교수는 관우의 죽음도 한신과 비슷한 교만의 일환이었다고 주장한다. 도원결의한 삼형제는 3년 사이에 잇따라 죽었는데 관우가 가장 먼저 220년, 장비가 다음 해인 221년, 맏형 유비는 223년에 죽었다. 삼형제의 죽음은 관우의 죽음으로 시작되었는데 그의 오만이 치명적이라고 전해진다. 관우는 당시 오군을 수장시키고 우금과 방덕을 사로잡는 등 눈부신 전과를 올렸다. 그러자 그는 적을 깔보기 시작하였고 그의 교만함은 눈덩이처럼 커졌다. 동오의 젊은 장수 육손은 이 점을 이용했다. 그는 깍듯하게 예를 갖춰 관우에게 편지를 보내 관우의 자만심을 한껏 부추겼다. 육손을 한 수 아래로 여기고 무시하던 관우는 육손의 이런 저자세에 경계심을 완전히 풀어버렸다. 그러고는 강동에 대한 걱정을 제쳐두고 형주성의 병력을 빼내 번성으로 철수해 서쪽과 북쪽에 대한 병력을 강화하자 여몽은 피 한 방울 흘리지 않고 형주를 기습하여 접수하였던 것이다. 육손은 철저히 자신을 낮추고 관우를 치켜세워 관우를 방심하게 만들었다. 관우는 맥성으로 후퇴했으나 포로로 잡혀 목숨을 잃었다.

고개를 바짝 쳐들고 있는 코부라를 보면 싹뚝 짜르고 싶은 욕망이 크게 일 듯 빳빳하게 머리를 쳐들고 오만불손해지면 하늘밖에 보이지 않는다. 저 아래 지상에서 과연 어떤 짓을 하는지, 어떤 음모가 전개될 지를 볼 수 없다.

청백리로 유명한 고불 맹사성의 교만을 혼내준 한 스님의 일화가 있다. 소년 등과, 열아홉 살에 장원급제를 하고 스무 살에 파주 군수가 된 맹사성은 자만심으로 가득찼다. 어느 날 무명선사를 찾아가 물었다.

"스님! 군수인 제가 가슴에 간직해야 할 좌우명은 무엇입니까?"

"그건 어렵지 않지요. 착한 일을 많이 베푸시면 됩니다."

"그건 삼척동자도 다 아는 이치인데 고작 그것 뿐이요?"

맹사성은 거만하게 말하며 자리에서 일어났다. 그러자 스님은 녹차나 한 잔 들고 가라고 붙잡았다. 그는 못 이기는 척 자리에 앉았다. 스님은 그의 찻잔에 넘치도록 차를 따르고 있었다.

"스님! 찻물이 넘쳐 방바닥을 망치고 있습니다."

맹사성이 소리쳤다. 하지만 스님은 태연하게 계속 차를 따르고 있었다. 그리고는 잔뜩 화가 난 맹사성을 바라보며

"찻물이 넘쳐 방바닥을 적시는 것은 알고 지식이 넘쳐 인품을 망치는 것은 어찌 모르십니까?"

스님의 이 한 마디에 맹사성은 부끄러워 황급히 일어나 방문을 열고 나갔다. 그러다가 문틀에 세게 부딪히고 말았다. 그러자 스님이 빙그레 웃으며 말했다.

"고개를 숙이면 부딪치는 법이 없습니다."

9. 유방의 코칭 리더십

당초 진나라에서 황제릉 공사에 부역하는 인부들을 호송하던 중 도망자 속출로 인해 자신도 함께 도망쳤던 유방은 도저히 항우의 적수가 안 되는 맨 하층급, 하급 계층의 리더이었다. 그는 시골, 요즘의 지구대 관리소장(파출소장)출신인데 반해 항우는 명문 귀족 출신이고 군사도 유방이 진나라 수도 함양에 진입할 당시엔 10만, 항우는 네 배나 많은 무려 40만이었다. 장수도 초기엔 개백정이란 번쾌와 병참 담당 소하뿐이었고, 전략가이자 브레인인 장량이 떠받칠 뿐이었다.

항우 수하에는 처음 유방을 비롯해 한신, 경포 팽월 등 기라성 같은 장수들이 주위를 겹겹이 둘러싸고 있었다. 그렇지만 결과는 어떠한가? 항우는 한신에게 패해 오강포에서 우미인과 함께 33세 젊은 나이에 자결했고 유방은 천하를 거머쥐어 한고조로 등극하였다.

유방의 리더십은 어떻게 항우를 쓰러트렸는가? 왕리췬은 유방의 탁월함 보다는 항우의 리더십 실패로 정리해 흥미가 있다. 유방은 부하들에게 "해라!" 라는 식의 지시나 명령을 절대 구사하지 않았다.

우리나라 유수의 재벌이 망할 때 총수의 리더십이 "내가 있다, 내가 한다." 라는 수직적 명령 일변도와 대조적이었다. 유방은 "어떤 일이 생기면 그 유명한 "어떻게 하면 좋겠오?" 라는 질문을 자주 구사한다. 아울러 결정적인 순간에는 남의 말을 잘 듣는다. 바로 질문과 경청을 잘 이용하였다. 경청을 잘 하니 자연적으로 모사들의 의견에 뛰어난 감별력을 지닐 수 있었다. 이와 같이 코칭의 도구인 경청과 질문을 바탕한 토론을 통해 의사결정을 내리는 리더십을 코칭리더십이라 부르고자 한다. 유방의 승인은 바로 이 코칭리더십에 힘입은 것이다.

어느 날 한신은 유방에게 대왕의 용맹함이나 인덕, 군사력 등은 항왕(항우)와 비교할 때 어떻습니까? 라고 질문하였다. 한참 침묵 후, "항왕과는 비교가 되질 않소" 라고 답하며 자신이 열등하다 할 만큼 겸손했고 부하들 앞에서도 실수를 인정하는 강점을 지니고 있었다.
장량은 바로 대놓고 유방에게 어떻게 해야 한다고 직접적으로 말해주지 않았다. 그렇지만 유방은 경청을 잘 하기 때문에 이해력이 높았다고 한다. 이 외 권모술수에 능하다는 강점도 지니고 있었다.

항왕은 정치적으로 유치했다. 의심이 많고 남의 말을 듣지 않았으며 너그럽지 않아 잔인한 면까지 있었다. 경청을 못 했다고나 할까 숫제 무시했다는 이야기이다. 범증은 모사라고 하나 솔직히 항우를 계도하는 임무를 다 하지 못했다. 왕안석은 그건 열 살 먹은 아이보다 못하다면서 일찍 무력을 맹신하는 게 중대한 과실임을 알았다면 그토록 처참하게 패하진 않았을 것이라고 말했다.

항우의 군사적 재능을 말할 때 이구동성으로 파부침주(솥을 깨뜨리고 배를 가라앉힌다 에서 나온 말로 결사적인 각오로 싸우겠다는 굳은 결의)를 말하지만 죽을 때까지 명장이지 뛰어난 지휘관이 아니라는 사실을 몰랐다. 이용당하는 사람이지 이용할 사람은 아니라는 사실을 몰랐다는 왕리췬의 분석이다.

유방은 남의 말을 잘 듣는 사람이었다. 항상 뛰어난 계책을 들을때마다 바로 적극적으로 실행하였다. 그는 초한 전쟁 기간 중 역사에 남을 승리를 이끌어내는 지모를 보여주지 못했지만, 남의 말을 잘 듣는 경청이 탁월한 능력이자 뛰어난 재능이었다. 수차례 강조하듯 경청이야말로 리더십의 백미이자 정수이다. 게다가 유방은 호탕한 면이 있었다. 쪼잔한(째째한) 항우와 달리 대범하고 시원시원한 리더로 돋보였다.

항우의 치명적 약점은 자신의 능력을 너무 높이 평가하여 과신한 것이었다. 반대로 남을 인정하지 않는 큰 결점이 있었다. 대표적인 예가 한신인데 그는 항우가 자신의 진가를 알아주지 않은 탓에 말을 갈아탔던 것이다. 항우는 그의 지략가이자 브레인인 범증에게도 냉정하게 대우했다고 알려진다. 그에 따라 유방의 진영에는 인재가 구름같이 모여들었고 항우의 진영에는 눈을 씻고 봐도 볼 수 없었다.

기본적으로 모사가 없었다. 자신의 힘만 믿고 남을 믿을 줄 모르는 성격에 주관적인 생각이 매우 강했기 때문에 참모를 필요로 하지 않았다. 무슨 일이든 자신이 알아서 했다. 이른바 극적인 수직적 리더십으로 만기친람형이었다. 설상가상으로 항우는 자존심이 강해 '대노했다'는 상황이 많았다고 왕리췬은 주장한다.

화를 잘 내는 사람들은 자존심이 쎈 사람들이고 어느 정도 자신의 능력을 믿고 함부로 행동하는 경향이 있다. 바로 실패의 원인이었다. 진정으로 천하를 경략하려 했다면 용병, 곧 사람을 쓸 수 있어야 했다. 남을 믿지 않고 자신만 믿는다는 건 전투를 오로지 혼자서 행하겠다는 의사나 다름없다.

학술적인 관점에서 본 패인은 첫째, 뛰어난 정벌 능력과 전투에 익숙했기 때문에 자신만만했다는 것, 둘째, 너무 어린 나이에 뜻을 이루다 보니 공자의 3대 불행 중 첫 항목 '소년 등과'의 불행을 낳았다.

결국 1) 슬럼프가 없고 너무나 술술 풀리다 보니 모든 좋은 일을 혼자 다 처리하는 습관이 길들었을 듯하다.

2) 약관 27살에 제후 맹주가 되었는데 요즘으로 말하면 국가주석이 된 것이다. 한국의 많은 재벌 2세처럼 너무 어린 나이에 뜻을 이루 다보니 세상에 보이는 게 없었다.

3) 당연히 신바람 난 이상 안팎으로 총명함을 잃을 수밖에 없었다. 안으로는 자신을 너무 몰랐고 밖으로는 귀에 거슬리는 말을 들어 본 적이 없었다. 실수를 하더라도 자신의 실수를 인정하지 않았다. 바로 자신을 몰랐기 때문이다. 자부심이 강한 사람들은 종종 고립 무원에 빠지는데 항우야말로 그렇다.

셋째, 전공을 세운 부하들에게 상을 주는 것에 인색했다. 쩨쩨하다 는 한신의 평이 있었다. 요샛말로 인센티브가 꽝이란 말이다.

유방은 어려운 상황이 발생할 때마다 "어떻게 하면 되겠오?"라는 질 문을 수시로 던졌다. 그런 연후 잘 들어 행동에 옮기곤 했다. 훌륭한 용병술을 구사하는 철칙은 상을 받을 사람에게는 상을 주고 벌을 받 을 사람에게는 벌을 주는 상벌제도를 잘 활용했다.

유방은 남의 말을 잘 들었고, 잘 활용했고 상벌도 합당하게 내렸다. 관용이라는 덕목이 부족하면 대체로 다른 사람의 약점만 본다. 항우 는 관용 부족으로 유방보다 훨씬 많은 대가를 치렀다. 물론 유방도 관용 부족을 드러냈지만 천하를 제패한 후, 곧 초를 멸하고 황제가 된 다음의 일이기 때문에 적이 없었다.

항우의 패배는 유방의 강력함 때문이 아니라 항우가 자신에게 패한 것이 원인이라는 왕리췬의 결론을 명심할 필요가 있다. 요컨대 항우는 유방의 코칭리더십에 밀린 것임을 잘 알 수 있다.

10. 칭기즈칸은 어떻게 성공하였을까?

　몽골족은 초원에서 살되 중앙이냐 변방, 곧 가장자리이냐에 따라 서열이 정해진다는데 처음엔 가장자리에 발 붙이고 있는 작은 부족에 불과하였다. 이런 몽골족이 겨우 10만 병력으로 100년도 안 되는 사이에 세계에서 가장 넓은 제국, 인구로는 30억, 면적으로는 아프리카 대륙만큼이나 큰 제국을 건설했다. 그 배경은 '단단한 쇠' 라는 이름으로 아버지 예수게이가 죽인 타타르족 맹장의 이름을 가져다 붙인 테무친, 훗날 칭기즈칸이 된 테무친의 리더십이 뛰어난 때문이었다.

　첫째, 아버지가 죽고 씨족들로부터 배신당한 테무친이 파격적인 사고의 전환으로 씨족보다는 동료, 형제보다 전우를 앞세운 조직관리를 한 덕택이었다. 동료 또는 전우는 나중 명장이 되어 유럽과 아시아를 뒤흔들었다.

둘째, 뛰어난 정보 전달시스템이라는데 별다른 이의가 없는 듯하다.

몽골어로 '잠'이라 부르는 역참이 거미줄같이 연결돼 이쪽 끝에서 서쪽 끝까지 소식을 실어 날랐다고 한다. 가령 카라코룸에서 부친 편지가 헝가리 부다페스트까지 전달되는데 일주일밖에 걸리지 않았다니 효력은 오늘날의 우편제도 이상이다. 역참마다 수백 마리의 말이 50km씩 스무 번을 교대해서 1,000km를 달렸는데 그 위력은 대단했다.

셋째, 발 빠른 기동력의 기마병 그리고 항복한 민족에게는 최대한의 자율권을 부여하며 우대하였고 반항 민족에게는 로마가 카르타고를 흔적도 없이 싹쓸어버린 것처럼 잔인하게 보복하는 전례도 작용했겠으나 당시 전쟁이란 으레 패자의 최후가 대동소이하였다고 본다면 특별히 강점으로 내세울 게 못 된다고 한다.

만사 제쳐놓고 의사결정의 리더십, 바로 코칭리더십의 힘이 아닐까 한다. 그는 긍정마인드를 바탕으로 부하들의 의견을 잘 경청하고 명령이나 지시 대신 질문을 활용하면서 공동의사결정을 중시하는 리더십을 구사했다. 유방의 코칭리더십을 비롯해 왕건도 이 유형임은 앞서 살펴본 바와 같다. 칭기즈칸 역시 의사결정은 어디까지나 토의에 의해 결정하도록 맡겼기에 코칭리더십이 절로 뛰어났다.

실제로 그의 전기(이재운의 칭기즈칸)를 읽어보면 끊임없이 부하들에게 질문하는 모습에 감탄이 절로 나온다.

군이 동력 또는 추진력을 든다면 그 유명한 "집안이 나쁘다고 탓하지 마라! 나는 아홉 살 때 아버지를 잃고 마을에서 쫓겨났다. 작은 나라에서 태어났다고 말하지 말라! 그림자 말고는 친구도 없었고 병사라야 전술한 대로 겨우 10만, 백성은 어린애에서 노인까지 합쳐 채 200만도 되지 않았다. 나를 극복하는 순간 나는 내가 되었다." 라는 불굴의 정신도 크게 뒷받침하였을 터이다.

잭 웨더포드는 '징기스칸, 유럽을 깨우다' 에서 테무친(나중 전 세계의 군주라는 뜻으로 추대된 이름은 칭기즈칸)은 25년이라는 짧은 동안 로마군이 400년간 정복한 것보다 많은 땅과 사람을 정복했으며 몽골 전사들의 말발굽은 태평양에서 지중해까지 모든 강과 호수의 물을 모두 밟아보았다고 말했다. 무려 2,000만~3,100만 평방킬로미터의 땅을 차지하였는데 대략 아프리카 대륙만한 넓이로 미국, 캐나다, 멕시코, 중앙아메리카, 카리브해의 섬들을 합친 면적보다 넓었다 한다.

눈 덮인 시베리아의 툰드라로부터 인도의 뜨거운 평원까지 베트남의 논에서부터 헝가리의 밀밭까지 그리고 고려에서부터 발칸제국까지 현대 지도에서 정복한 땅은 30개국, 인구로는 30억이 훨씬 넘는다.

몽골 부족 전체 약 100만 명이란 숫자는, 현대 몇몇 글로벌기업의 직원들보다 적은 인원수이고 그 중 징집한 군인 수는 단지 10만 명이다.

칭기스칸은 본대를 이끌고 아프카니스탄의 산지를 가로질러 인더스강까지 갔고 다른 부대는 카스피해를 빙 둘러 카프카스 산맥을 통과하여 러시아 평원에 이르렀다.

1220년 그날부터 1920년 소비에트 군대가 진입할 때까지 꼭 700년 동안 칭기스칸의 후손들은 부하라(우즈베키스탄 지역)를 통치했는데 역사상 가장 긴 왕조로 꼽힌다.

전쟁을 수행하는 천재적 능력, 부하들로부터 충성심을 이끌어내는 수완, 세계적인 규모의 조직을 꾸려나가는 전례 없는 능력은 어떻게 얻어졌을까? 그들은 기아선상에서 거의 짐승처럼 들쥐 따위를 잡아 먹으며 연명했다. 모두들 거친 삶을 살아가는 땅이었지만 거기에서도 가장 밑바닥까지 추락했다. 그런 비천한 상황에 추방당한 아이가 어떻게 몽골족의 위대한 칸으로 올라갈 수가 있었을까?

테무친은 1162년 경, 오늘날 몽골과 시베리아가 맞닿은 곳 근처, 오논강 유역 숲에서 보르지긴씨족 예수게이와 올크누트 부족 출신 후엘룬 사이에서 태어났다. 가족과 함께 비극을 견뎌내면서 초원지대의 엄격한 카스트 구조에 도전하고 자신의 운명을 주도하고 가족이나 부족보다는 신임하는 동료와 동맹을 맺어 이것을 일차적인 지지 기반으로 삼겠다는 강한 결의를 바탕했다.

칭기즈칸 리더십의 탁월성은 오랫동안 공개 토론을 전개해 결국 공동체 모두가 참여하는 데 있다. 삼성그룹에서 사장단회의에 의사결정을 맡기는 이병철 회장의 리더십을 닮았다. 그 결과 왜 전쟁을 해야 하는지를 모두가 이해하게 되었다.

전쟁에서는 병사들이 무조건 명령에 따라야 했지만 회의에서는 아무리 지위가 낮더라도 하급 동반자로 대접을 받아 이해할 수 있을 때까지 과제 설명을 듣고 자신의 의견도 제시할 수 있었다. 이게 칭기스칸 리더십의 백미, 코칭리더십의 아이콘이라 말할 수 있다.

대원제국을 선포한 칭기스칸의 손자 5세손 원의 1대 세조인 쿠빌라이도 대규모 회의와 일상적인 토론을 통해 의사결정을 내리는 징기스칸의 방식을 도입했다. 회의 쟁점들은 토의에서 합의하여야 했다.

결정은 관리 한 사람이 아니라 집단이 내려야 했다. 중국식 기준에서 보면 시간과 힘을 너무 많이 잡아먹는 비능률적이고 비실용적인 제도이었지만 대몽골제국의 뛰어난 의사결정 방식이었다. 이렇듯 몽골은 다양한 회의체를 장려하였다.

지위가 높은 구성원들은 대규모의 공개적인 회의를 열어 문제를 토론하고 다음 각자의 부대로 돌아가 하급전사들과 토론을 계속했다. 모든 전사의 완전한 헌신을 이끌어내기 위해서는 가장 높은 계급에서부터 가장 낮은 계급에 이르기까지 모든 사람이 논의에 참여하여

전체적인 계획 속에서 자신의 위치를 파악하는 것이 긴요했다.

다음 인재를 아낌없이 과감하게 등용시킨 강점을 들 수 있다.

대표적 인물이 거란족인 야율초재(옐뤼 추차이)이다. 아울러 중국 문화에 해박하고 키타이 언어 사용으로 몽골족과 의사소통이 가능해졌고 온갖 분야의 학자들을 끌어오거나 잡아오는데 많은 관심을 두었다. 항복하는 자들에게는 정의를 약속하고 저항하는 자들에게는 파괴를 맹세했다. 다음 민간인을 직업에 따라 나누었고 지적인 분야에 종사하는 사무원, 의사, 천문학자, 재판관, 예언자, 교사, 이맘, 랍비, 사제 등 글을 읽고 쓸 수 있는 사람들을 요긴하게 썼다.

물론 각종 장인도 포함해서이다. 이외 엄청난 부와 권력을 모았지만 소박한 생활을 한 사실도 리더십의 차원을 높이는데 큰 몫을 차지했을 것이다.

11. 무티리더십

페북에서 성신여대 독문학과 김길웅 교수의 댓글을 읽고 나는 너무나 놀랐다.

"오늘 우연히 독일 총리와 우리 대통령이 함께 찍은 사진을 보고 느낌을 몇 자 적습니다.

몇 년 전 독일에 있을 때, 총리관저 앞에서 우연히 메르켈 총리가 시민들과 만나 이야기를 나누는 모습을 본 적이 있습니다. 독일의 총리관저는 승리의 탑과 브란덴부르크 문 사이, 티어가르텐 인근에 있고, 나는 그곳을 산책하다가 독일 총리가 시민들과 아무런 거리낌 없이 대화를 나누는 광경을 목격한 것이죠.

처음에는 마을 사람들이 거리를 지나다 환담을 나누는 광경으로 착각했습니다. 언론에 나오는 대로 메르켈은 실제 나이보다 더 들어 보였습니다. 옷차림도 약간은 촌스러운 느낌을 줄 정도로 수수하고, 말에 아무런 가식이 없었습니다. 자연스러운 어투, 꾸미지 않은 어휘 등. 시민들과 대화를 나누며 자지러지게 웃기도 하고, 어깨를 치는 듯한 제스추어도 몹시 자연스러웠습니다. 편안하고 자연스러운 모습에서 권위의식은 찾아보기 어려웠습니다."

1990년 독일 통일 뒤 30대 중반의 동독 출신 과학자이던 앙겔라 메르켈이 헬무트 콜 총리한테 발탁돼 정계에 입문했을 때 그의 오늘을 예측한 사람은 없었다.

무명의 정치인인 메르켈은 쟁쟁한 남성 정치인들을 잇따라 무릎 꿇리며 2000년 기독민주당 당수가 됐고 2005년에는 독일의 첫 여성 총리이자 첫 동독 출신 총리가 됐다. 2018년 3월 총선으로 4선 연속 총리가 됨으로써 철의 여인 마거릿 대처 전 영국 총리의 11년 기록을 뛰어넘어 유럽의 최장수 여성 총리가 된다.

목사의 딸로 동유럽의 작은 마을에서 자란 메르켈과 영국 소도시의 식료품 가게 주인의 딸로 태어난 대처는 밑바닥에서 시작해 남성 중심의 정치판에서 최고 권력을 쥐었다는 점에서 자주 비교돼 왔다.

하지만 대처와 닮은 점보다는 차이점에서 메르켈의 성공 비결이 드러난다. 대처 전 총리가 '자신의 원칙' 을 앞세우며 야당과 노조 등 반대 세력을 탄압하는 비타협 강경 노선을 구사한 것과 달리 메르켈 총리는 좌파 등과도 연정을 구성하고 사회적 약자, 노조, 반대파를 포용하는 화합과 타협의 지도력을 보여 왔다. 메르켈은 우파 정치인이지만 때론 야당의 진보적 정책도 과감하게 수용하는 모습을 보였다. 독일 언론에서는 그녀의 리더십에 대해 권력을 과시하지 않고, 부드럽게 다른 의견을 포용하면서도 힘 있게 정책을 밀어붙이는 리더십이라고 정의한다. 극단적 자본주의를 경계하고 구성원들 간의 적극적인 소통을 통해 갈등을 조정하며 합의를 이끌어내는 방식을 추구한다.

늘 소통과 화합을 강조하기에 사람들은 '엄마 리더십' 이라 불리지만 역시 코칭리더십의 일환이다. 우리나라 실패한 여성 리더십과 너무나 대조적이라 그 강점은 다이아몬드처럼 빛난다.

루스벨트의 부인 엘리노어 여사도 걸출한 리더십으로 손꼽힌다. 그녀는 외모가 호감을 살 정도가 아니었다, 남편이 예쁘고 젊은 여비서와 놀아나자 이혼을 제의하기도 했지만 곧 화해하고 이 뼈아픈 경험을 통해 더욱 성숙해졌다고 본인은 말한다. 엘리노어 루즈벨트 여사는 테오도르 루즈벨트 대통령의 조카로 물질적으로는 풍요로웠지만 정서면에서는 살벌했던 어린 시절을 보냈다. 왜냐하면 미인이었던 어머니는 엘리노어를 보고 실망, 게다가 6살 때 사망했고, 이듬해에는 막내 동생도 사망하였다. 알콜 중독자인 아버지에 의해 성장하나 10살 때 작고하는 바람에 엘리노어와 동생은 할머니 품에서 양육되었다. 소녀 시절에 병적일 정도로 내성적인 것도 가족관계 탓이라고 한다.

1905년 종형제인 프랭클린 루즈벨트와 결혼하였는데, 1921년 소아마비에 걸리는 비운을 맞이하였다. 이때 남편인 루즈벨트는

"내가 이런 불구자가 되었는데도 당신은 나를 사랑할 수 있겠오?" 라는 물음에 엘리노어는 "그럼 내가 그동안 당신의 성한 다리만을 보고 당신을 사랑했다고 생각하셨나요? 내가 사랑하는 것은 당신의 인격과 당신의 삶 전체랍니다" 라는 명답을 건넸다고 전해진다.

대부분 남편이 불구가 되면 우울, 비참해지고 "아이구 내 팔자야!" 하고 다운되기 일쑤이나 그녀는 무티리더십을 발휘 되레 격상되었다.

그 결과 미국에서 가장 존경받는 여성, 매슬로우가 지구상에서 자기실현을 했다고 본 9명 중 한 사람이며 20세기 가장 위대한 여성이라는 사람도 있고 사람들의 심금을 울리는 수많은 명언을 남긴 여성으로 유명해졌다.

1933년 루즈벨트가 대통령에 당선되자 12년간 정책에 커다란 영향을 끼쳤으며 사망 후에도 정치적인 활동을 계속하였다. UN의 제1차 총회 대표단의 한 사람으로 참여 런던 총회에서 인권위 위원장이 되었다. 1952년까지 UN대표, 퇴임 후 여성의 지위 향상에 전력을 다하였으며 한편 10년 후인 1962년 78세로 사망하였다.

12. 때를 기다려라!

이조 500년간 은퇴 후 돌아가 살 집이 없어서 왕이 주택을 지어 하사한 예는 세종 때 황희 정승, 선조 때 오리 이원익 대감, 숙종 때 미수 허목 뿐이라 전해진다. 그중 남인 중 청남의 영수인 허목이 우뚝하다.

허목은 무려 56세 초로에 정릉참봉으로 관계에 나갔지만 이내 사직했다. 실로 공자의 3대 불행 중 첫 번째인 소년 등과와는 거리가 멀어도 한참 멀다. 오늘날 초년 출세로 인해 불행을 겪는 빗나간 인재들을 많이 본다. 우병우를 대표로 한 검찰 인맥은 물론 30대 초반에 "황태자" "소통령" 등으로 위세를 떨친 전직 대통령의 아들들을 보라. 역사적으로는 남이장군과 정암 조광조가 대표적이다.

일찍이 공자가 말한 소년 등과를 경계하라는 뜻으로 율곡 선생은 정암 조광조를 일러 "아직 학문을 더해야 하는데..." 라고 안타까워했다는 말이 전해온다. 미수는 정작 벼슬은 66세 때 삼척부사를 시작으로 관계에 나감으로써 학문이 완성된, 경륜이나 인품을 제대로 갖춘 나이에 진출했다. 이어 그는 이조판서를 거쳐 우의정에 이르렀다.

66세라면 비교적 늦게 은퇴한다는 교수의 정년이기도 하고 내일 모레 70, 고희를 바라보는 인생의 황혼기이다. 옛날에는 거의 죽고 살아있기도 몇이 안 될 고려장이나 들어가기 딱 맞는 상늙은이 신세이었다. 젊어 출세 후 겨우 38세에 몰락한 정암 조광조의 실패를 거울 삼았을까.

미수는 학문에만 전념하다 역사 상 가장 늦게 관문에 들어섰지만 88세까지 장수했다. 그야말로 때를 기다리면서 당시 남들은 은퇴해 오동나무관이 잘 짜여졌는가를 확인할 나이인 노인이 될 때까지 학문과 수신에 전력을 다했다는 이야기다. 벼슬살이 중에도 어찌나 청렴한 지 돌아갈 초가삼간마저 없어 왕이 집을 지어주었다. 춘추전국시대 왕족으로 재상까지 지냈는데도 장례치를 비용조차 없어 백성들이 십시일반으로 돈을 모아왔으나 거절하는 바람에 시신을 광주리에 담아 산에 가 매장하였다는 정자산의 이야기나 흡사하다.

청렴하고 고결한 인품을 지녔기에 정적인 서인의 영수 우암 송시열도 그의 인품을 흠모해 중병이 들자 미수에게 들려 약을 지어오라고 아들을 시켰다는 유명한 고사가 있다. 아들이 소인배라 약봉지에 비상이 들어있는 걸 보고 "이 양반 원수지간이라 울 아버지 죽일려고 작정한 거 아녀" 하고 비상을 뺐더니 병이 낫질 않아 다시 보냈다. 참으로 미수가 의와 예를 아는 군자임을 보여주는 보기 드문 예화다.

미수는 하늘의 뜻을 기다렸던 것이다. 그러고도 깨끗한 처신을 했기에 당파싸움의 소용돌이 속에서 전혀 다치지 않았다. 경신환국이라고 수많은 남인들이 대거 실각하고 서인이 재집권하는 사건이 발생할 때에도 살아남았고 귀향해 저술과 후진 양성에 힘썼다.

당시엔 격렬한 당파싸움으로 중도에 죽는 일이 빈번하니 오죽하면 와석종신(제명대로 살다 죽는 것)을 오복의 다섯 번째 고종명(역시 제명대로 사는 것)에 넣었을까. 명종 때 윤원형이 득세할 즈음 좌의정 상진 정승의 처세나 다름 없었다.

어느 날, 상 정승에게 트집 잡을 게 없나 하고 종을 시켜 감시하게 한 바, 한 여름날 여종이 절구질을 하는 모습이 보였다. '그러면 그렇지. 상 정승이라고 별 수 있으려고... 숨겨놓은 금싸라기 같은 벼를 찧는 거 아닌가' 싶어 살펴보았더니 사람이 먹을 수 없는 귀리를 찧고 있을 정도로 청렴해 장수했다는 이야기와 방불할 만큼 검박했다.

우리나라 사람들의 성격은 급하다 한다. 너나 할 것 없이 급하다. 참고 기다리지를 못한다. 대권을 노리는 수많은 잠룡 중 기다릴 줄 몰라 승천은커녕 중도 하차해 소리 없이 사라진 토룡(?)은 얼마나 많은가. 미국인처럼 결정적인 때를 기다리든가, 여건이 무르익을 때까지 참고 기다리는 인내가 절대적으로 부족했다.

미국인의 재미있는 예가 있다. 우리가 현금을 좋아하듯 미국 교포들 역시 현금 장사를 좋아하는가 보다. 한국인의 탈세가 많다는 소문을 들은 미국 국세청은 정확하게 탈세 사실을 인지하고도 참고 계속 추적하며 범죄가 누적돼 결정적인 규모에 이를 때까지 무려 3년간이나 때를 기다렸다. 바야흐로 무르익어 맘 푹 놓고 장사하는 어느 날 느닷없이 들이닥치는 바람에 꼼짝 못하고 덜미를 잡혔으며 결국 망하고 처벌을 받았다는 이야기를 체미 중 듣고 엄청 놀랐다. 한국 같으면 즉각 덮칠 텐데도 역시 미국 사람들은 '독하구나'를 크게 깨달았다. 재미있는 사실은 업자끼리 "현금 장사 괜찮아, 난 한 번도 안 걸렸어"라는 대화의 녹음까지 다 들이대더란다.

조급증은 사회 진출 후에도 "난 늦었어. 이대로 갈래.." 라고 체념함은 물론 대학 고학년만 되어도 "난 늦었어."를 입에 바른다. 무엇이 늦었단 말인가? 진로나 직업 또는 인생항로를 변경하는데 무엇이 늦는단 말인가?

호서대 설립자 강석규 명예총장의 이야기가 있다. 그는 65세에 정년퇴임을 하고 "이제부터 덤으로 살련다"고 했다가 95세 생일 날 눈물을 흘렸다. 그때 "30년을 더 살 줄 알았다면"이라고 후회하면서 이제 10년 후 105살 때 후회하지 않기 위해 어학공부를 할 계획이라고 말했다. 나중 우리 나이 104살에 타계했지만 인생살이는 뜻밖에도 길다.

그랜마 로제스라는 미국 여성은 무려 75세, 그 나이이면 수의를 장만하고 영정 사진을 잘 찍어놓을 나이인데도 그림공부를 시작했다. 나중 25주년 기념 전시회를 열었고 104살에 작고했다. 손자들도 다 컸을 테니 돌볼 필요도 없고 오로지 게이트볼이나 산책으로 일과를 보낼 홀가분한 나이에 그림공부를 시작해 미국 최고의 민화작가가 되었던 것이다.

'나이라면 나를 빼놓을 수 있느냐' 할 정도로 황혼을 넘어 요양원에서 때만 기다릴 나이에 등장한 폴랜드 출신 해리 리버맨(Harry Lieberman)이 있다. 그는 까무러칠 만큼 노령인 81세에 본격적인 그림공부를 시작해 1977년 101세에 22회 전시회를 열었다. 다음 해 102세에 임종했지만 60세, 80세, 90세의 나이가 결코 말년이 아니라는 그의 주장에 귀를 기울일 필요가 있지 않은가?

13. 지인지감

나는 나이 먹도록 베푼 것도 없는 주제에 남으로부터 사기나 비슷한 사례로 인해 손재를 많이 입은, 속된 말로 돈깨나 뜯기며 살아왔다. 부자도 아니건만 월급쟁이가 남한테 인심만 쓰고 있으니 부부싸움도 종종 일어났고 가계만 축날 것임은 불을 보듯 뻔하다.

오죽하면 사주에도 "사람들과 돈 거래를 조심하라" 가 쓰여 있다고 일찍이 처형으로부터 주의를 들었을까. 도저히 못 말릴 일이었다. 그런 만큼 사람에 대한 안목이 부족했었다.

예컨대 지인지감인데 가장 확실하기로는 관상을 좀 볼 줄 알면 유익할까 싶어 허영만의 꼴을 비롯해 상법에 대한 책도 제법 읽었다. 워낙 둔재인지라 제대로 체득하지 못했지만 인생을 어지간히 살았다 싶은 지금에서야 보일 듯 말듯 눈이 열리는 듯하나 젊을 때 알았더라면 얼마나 좋았을까 하는 후회가 앞선다. 그래도 풍월로나마 드려다 본 게 도움이 되는지 바로 다운된 청소년들을 일으킬 때 요긴하게 써먹었다. 가정파괴의 자녀라든가 사랑 또는 인정을 받지 못해 낮은 자존감 및 열등감으로 자살 일보 직전인 학생들을 만날 때 긍정에너지를 불어 넣으려 애쓰지만 한계가 있었다.

"정선아! 너 임마 앞으로 성공하겠는데~"

"어떻게 알아요?"

"내가 관상 공부를 조금 했거든.... 코가 어떻구, 상이 어떠니 앞으로 부자되겠다" 라고 아닌 말로 믿거나 말거나 긍정마인드를 심어줄 셈으로 봐주면 큰 힘을 얻는 모양이었다. 금방 밝아지면서 열심히 따라온다.

그러다 성철스님을 비롯한 스님들의 법문을 접하고 차원 높은 해법을 깨달았다. 성철스님의 법문은

"천하에 가장 용맹스러운 사람은 남에게 질줄 아는 사람이다.

무슨 일에서이든 남에게 지고 밟히는 사람보다

더 높은 사람은 없다. 천대받고 모욕 받는 즐거움이여!

나를 무한한 행복의 길로 이끄는 도다.

남에게 대접받을 때가 내가 망하는 때이다.

나를 칭찬하고 숭배하고 따르는 사람들은

모두 나의 수도를 방해하는 제일의 마귀이며 도적이다.

중상과 모략 등 온갖 수단으로 나를 괴롭히고 헐뜯고 욕하며

해치고 괄시하는 사람보다 더 큰 은인은 없으니

뼈를 갈아 가루를 만들어 그 은혜를 갚으려 해도

다 갚기 어렵거늘 하물며 어찌 원한을 품는단 말이냐?"

묘허 스님은 살다보면 어느 때까지는 돈이 술술 잘 모이다가도 어느 시점부터는 아무리 노력해도 사업이 번창하지 않고 자꾸 돈 쓸 일만 생기는데 이럴 경우 '내 복이 이것이로구나' 생각하고 그때부터는 자꾸 베푸는 길만이 고난에 대한 해법이라고 주장한다.

"자꾸 베풀다 보면 복 그릇이 차츰 커지게 됩니다.

원래 빈 그릇은 담기고 가득 찬 그릇은 넘치게 되어 있는데

사람들은 그 이치를 모릅니다.

스님은 자기를 괴롭히는 사람이 있다면

'덕분에 업장소멸 잘 하고 빚을 잘 갚았다.

빚 갚게 해주어서 참 고맙구나' 하는 생각을 품을 때 행복이 오며

행복하기를 원하면 인과를 믿으라." 고 다시금 강조했다.

내가 사기를 당했다고 느끼는 건 바로 이익계산 때문이다. 손해를 보았다는 건 도와주거나 다소 기대를 걸고 돈을 넣었더라도 결코 손해 봐서는 안 된다는 고정관념이 의식 속에 똬리를 틀고 있었기 때문이다.

후배가 전한 흥미 있는 이야기가 있다. 사업차 중국을 자주 드나드는 한 CEO의 이야기를 전한다. 그는 이른바 태자당인 등소평의 아들을 알게 돼 매년 배 수확의 최적기인 8월 중순~9월 중순 수확한 나주 배를 한 상자씩 장장 13년간이나 빠짐없이 보내주었다.

그러면서도 단 한 번이나마 비즈니스 이야기를 꺼낸 적이 없었다. 그러자 13년 후인 어느 날 태자당이란 분이 참다못해

"중국에서 사업하시고 싶은 거 없습니까?"

"있긴 있지요."

"어떤 분야 이예요?"라고 물어 금융 분야라고 답했더니 보통 3년 걸린다는 사업 승인을 15일 만에 처리해 주더란다. 뛰어난 관계관리의 보상이다. 앞서 언급했던 이기우 재능대 총장이나 기업인 후배도 무려 10년을 넘게 명절 때마다 성의를 보내 와 놀라움을 금치 못했는데 13년이라니...

그렇다. 돈이건 재물이건 남에게 건넬 때는 절대로 반대급부를 기대하지 말아야 한다. 나 역시 돈을 꿔주건 투자하건 반드시 대가를 크게 기대했기 때문에 낭패를 만난 것이다.

바로 샘표간장 고 박승복 회장의 10계명을 참고하면 마음이 편하다. 10계명 하나하나가 금과옥조로 구성되어 있지만

7조: '남에게 돈을 빌리지도 말고 꾸어주지도 말라' 가 바로 그런 맥락의 지침이다. 그럼 가까운 사람의 고통이나 간난을 보고도 항상

외면하거나 인색하게 굴라는 말이냐 고 반문할 수 있다. 그때는 그냥 대가성 없이 암말 말고 주라는 뜻으로 해석된다.

살아가며 많은 활동을 전개하지만 그중 경제생활을 외면할 수 없다. 스님들이야 그런 모든 걸 초월하는 분들이니까 내차를 추돌해도 '피해자인 내가 고친다' 가 있을 수 있겠지만 소시민인 우리는 어떻게 하란 말인가. 한 마디로 사람을 잘 사귀어야 한다. 그 기준은 무엇일까.

나는 첫 번째 조건으로 피드백이 정확하지 않은 사람과는 거래를 삼가라고 권한다. 피드백은 각종 응답이나 감사와 같은 인사 예절 등등이다. 주변에는 톡에도 댓글에도 답이 전혀 없는 친구가 꽤 있다.

사업을 충북에서 벌린 서울 친구가 가장 어려운 일이 무엇인가? 하고 물으니 대뜸 "그류" 라 답하지만 이 '그류' 를 이해하는데 무려 10년 이상 이나 걸렸다 한다. 도대체 "예스인지, 노인지" 가 분명치 않으니 번번히 실수한다고 말한다. 간단한 답조차 제대로 못하는 친구들이 어찌 큰일이나 경제적 거래를 제대로 이행할 수 있을까.

신뢰란 수십 년 알고 지냈어도 가늠이 힘든 경우가 있다. 피드백은 대표적 바로미터이다. 다음엔 일관성의 원칙이다. 평소 말이나 약속을 자주 변경하거나 핑계 또는 변명하며 왔다 갔다 하는 변덕스런 친구는 믿기 어렵다.

안창호 선생은 함께 독립운동을 하는 동지의 어린아이를 생일날 찾아가기로 약속했는 바, 일제로부터 체포될 위험이 있다고 말리었지만 "작은 약속도 못 지키면 어찌 큰 약속을 지키랴." 하고 만나려 외출했다 체포되었다. 한결같은 마음은 신뢰의 강력한 징표로서 관계관리의 핵심코드이자 성공의 지렛대가 아닐까.

14. 존경받는 리더십

　진정한 리더십은 리더가 언제나 부하들에게 도덕적으로 모범적인 모습을 보이는 것이다. 검소하고 잘 듣고 그야말로 맘에 쏙 드는 멋지고 존경받는 리더십은 없는 것일까? 이른바 전 국민이 칭송하는 유망주, 곧 인기스타는 없을까. 특히 기업인의 수난시대인지 모르나 매스콤만 접하면 곱지 못한 기업인의 리더십 소식이 우리를 언짢게 만들어서다.

　정권에게 기업은 만만한지 아니면 기업의 부도덕성이 문제인지 모르나 수난을 당하고 있는 재벌그룹 회장들의 딱한 소식을 들을 때마다 떠오르는 기업인이 있다. 바로 유한양행 유일한 박사이다.

　요즘 오뚜기식품도 모범기업으로 갓뚜기라 부르며 언론에 조명하지만 난 작년 말 롯데호텔에서 김형석 교수에게 수여되는 제12회

유일한 상 수상식에 참석하고부터 유일한 박사에게 많은 관심을 갖게 되었다. 유일한 박사는 어떤 분인가?(김형석 교수, 유일한 박사의 생애와 사상, 올댓 스토리)

유일한 박사가 훌륭한 점은

1) 아홉 살 때 미국에 건너가 미국에서 이룬 성공과 안락한 생활을 포기하고 고국으로 돌아와 생을 마칠 때까지 가난한 우리와 고락을 함께 했다는 사실이다.

2) 기업인으로서 기업의 정도를 끝까지 지켰고 언제 어디서이든 부끄러움이 없는 모범을 보여주었다.

3) 자유당 때 일체의 정치자금을 거부해 정부와 정치계의 압박을 받았지만 흠집 하나 없어 정부가 되레 우수기업으로 표창하는 코미디를 연출했다. 그는 정부가 원하는 금액보다 더 많은 액수의 세금을 선뜻 내놓았다.

4) 정부사업에는 앞장서서 도움을 주면서도 정치적 부정은 엄연히 거부했다.

돈을 벌기 위해 기업을 운영하는 것이 아니라 국가를 위해, 이웃을 위해 오로지 정도를 지켜온 유일한 박사의 생애를 잠깐 살펴보기로 하자.

부친은 경영수완이 좋아 평양 중심가에서 농산물과 해산물 도매상을 경영해 큰 부를 쌓았다. 유박사의 탁월한 경영능력은 천부적인 재능에서 비롯되었겠지만, 세계적으로 유명한 싱거미싱의 평양대리점을 운영한 부친으로부터 이어 받은 경영능력의 유산도 큰 몫을 차지했다.

부친은 유학이란 말조차 생겨나지 않았을 만큼 호랑이 담배 피우던 시절, 아들을 우물 안 개구리로 키우기 보다는 시대를 이끌 지도자로 키우고 싶다는 욕심으로 유일한 박사를 코흘리개인 아홉 살 때 과감하게 멀리 미국으로 유학을 보냈다. 참으로 미래에 대한 안목이 뛰어난 분이다.

나중 천신만고 끝에 미시간대 상과를 졸업하고 GE에 취업하였는데 인정받고 동양 쪽 판매책임자(중국)로 승진되자 고마운 특전이나 깊은 고민 끝에 조국에 봉사하겠다는 결심 하에 GE를 떠나기로 했다. 잘 나갈 때임에도 불구하고 큰 뜻을 품고 사업에 투신하였다. 처음에는 중국으로부터 들여온 유단이나 카펫 같은 것을 팔기로 대든 결과 날개 돋친 듯 팔렸다. 이게 장사와 사업에 대한 자신의 가능성과 자신감, 유한양행을 일으키고 국제무대에까지 확장하는 기초가 되었다.

부인이 중국인인데 중국인이 만두를 좋아하고 만두 속에는 꼭 숙주나물이 들어간다는 사실로부터 사업 아이디어를 얻었다. 문제는 빨리 변하므로 변질되기 전 공급해야 하는데 유리병을 사용하고 안심했다.

때마침 배달하던 트럭이 사고를 내자 용기인 유리병이 박살나 유리조각으로 난리라 언론이 '숙주나물 차량의 교통사고' 라고 소개하는 바람에 역으로 큰 선전 효과를 얻을 수 있었다.

혼자는 역부족이라 친구와 동업 '라초이 식품회사'를 설립했고 녹두를 수입하였다. 라초이회사는 숙주나물 생산 및 판매를 맡아 크게 성장해 설립 4년 만에 5만 달러를 기록하기도 했다. 그런데 녹두 구입을 알아보고자 귀국해 조국의 참상을 보고 고민, 다시 고국으로 돌아와 병들고 굶주린 동포들을 위해 봉사해야겠다고 결심한 끝에 라초이 회사 지분을 정리해 25만 달러나 받았다. 귀국하려 하자 부인보다 친구인 사장의 만류를 설득하기가 더 힘들기도 했다.

1926년 유한양행을 설립해 미국 의약품을 판매하면서 한국 특산품 수출 길을 모색하다 주식회사 유한양행을 발족시켰다. 개인 소유임에도 사회를 위한 기업으로 전환했고, 자신의 재산을 정리하여 기업에 참여한 가족 친지들에게 나누어 주었을 뿐만 아니라 창업 동료들에게 분배하였다. LA에 출장소를 두어 미국에 하나의 영역을 개척하려는 때, 국제정세는 악화돼 중일전쟁이 확대되었고 일본은 1940년 미국에 선전포고를 하기에 이르렀다. 당연히 미국에의 수출길은 막혔으며 유박사가 미국통이라고 일본의 탄압도 극심해졌다. 그 일환으로 유한양행 간부들을 전원 소환(적성기업으로 몰고자)했고 악의적 세무사찰을 행했지만 끝끝내 살아남은 것은 회계가 깨끗하고 기업을 투명하게 운영한 탓이었다. 게다가 지극히 검소한 생활을 해 사망 후 유품을 정리해보니 구두 두 켤레, 양복 두 세 벌 뿐이었다는데 너무 놀라 심장의 이상을 체크해 볼 정도였다. 평소 서늘한 자동차는 사치라는 신념에 에어컨이

설치된 차타기를 꺼려했다. 자기 자신을 위해서는 무척 인색하였지만 다른 사람, 예컨대 세브란스의대 김명선 박사가 유학생을 위한 돈을 요구하자, 아낌없이 내주었다는 일화가 들려온다. 유한공고 및 유한공전에 유한양행 개인 소유 주식 17,500주 회사해 학생들 모두에게 장학금 혜택을 부여했으며 많은 가난한 학생들의 학비를 지원하였다.

엄청난 일은 모든 기업의 이윤은 건전한 기업 성장을 위한 투자 외 반드시 사회에 환원해야 한다, 모든 기업이 앞으로는 공개기업이 되어야만 자본주의 경제 체제가 유지되며 국가적으로 최선의 봉사가 될 수 있다는 경영철학을 몸소 보여주었다. 그 일환으로 1962년 우리나라 최초 주식을 공개하였다. 이는 당시 미국에서도 쉽게 이루어질 일이 아니었다고 한다. 요청받은 일도 없는데 오직 기업의 이윤을 사회에 환원하려는 일념으로 5,000주는 보건장학회에 기증하였고 실천 의지로 12,000주를 연세대에 기증하였다.

그는 개인 소유의 주식과 재산을 대부분 육영사업과 보건 기구에 희사하는 결단을 보여주었다. 깨끗하고 투명한 회계를 지향하여 1967년 말 국세청이 세수증대를 위해 세무사찰을 엄격히 시행하였고, 특별사찰반(김만태 반장)은 장부를 하나도 빼놓지 않고 뒤졌으나 빈손으로 물러날 수밖에 없었다. 3억 원의 세금을 납부하는 회사에 단 1원의 부정수입이나 부정 지출이 없었다니 믿지 못할 일이었다. 이중장부가 성행하던 시절에 상상조차 힘든 현상이었다. 지금도 털기로 하면 부실회계

등 안 걸려드는 기업이 없는 실정에 비추어선 픽션이나 같다. 사찰반은 판매 약품 전부를 수거해 과기처로 이송 함량 여부를 검사하였으나 결론은 "함량 미달 없음"이었다. 김 반장은 이를 국세청에 보고하였는데 막말로 때려잡으려다 유한양행의 기업정신을 높이 평가하고 명성만 드높이는 결과를 낳았다. 장황하게 참경영인 유일한 박사를 소개했는데 수 천, 수 백만의 유일한 박사가 나와 클린 경영, 투명 회계가 이루어졌으면 하는 바람에서이다.

얼마 전 타계한 구본무 LG회장의 정도경영도 그 일환이 아닐까 싶기도 하다. 유박사의 철학이나 업적은 21세기 글로벌 경영 시대의 기업인에게도 우뚝하다. 경영의 귀감인 유일한 박사는

① 우리나라 최초로 소유와 경영의 분리 실현했고,

② 자신을 위해서 남겨둔 소지품이 없으며 자녀에게 재산을

　상속하지 않은 글자 그대로 유일한 기업인이 되었다.

참으로 고결한 기업정신의 소유자이며 투명하기가 수정보다 맑다고 할 것이다. 유언장도 "손녀 유일린의 대학 졸업 시까지 학자금으로 자신의 주식 배당금 가운데 1만 달러를 마련하라! 영애 유재라에게는 유일한 중·고등학교 구내에 있는 묘소 주변 대지 5,000평을 상속하되 이를 유한동산으로 꾸미고 결코 울타리를 치지 말라고 당부한다. 마지막으로 영식 유일선에게는 대학까지 졸업시켰으니 자립해서 살아가라!" 해 대물림을 끊었다.